高等数学

学习指导与习题精练

——专升本考试能力提升训练

- 主编 陈骑兵
- 副主编 石丽莉 王长辉

重庆大学出版社

图书在版编目（CIP）数据

高等数学学习指导与习题精练：专升本考试能力提
升训练／陈骑兵主编. -- 重庆：重庆大学出版社，
2024.8（2025.8 重印）. -- ISBN 978-7-5689-4661-2

Ⅰ. G724.4

中国国家版本馆 CIP 数据核字第 2024XN0379 号

GAODENG SHUXUE XUEXI ZHIDAO YU XITI JINGLIAN——
ZHUANSHENGBEN KAOSHI NENGLI TISHENG XUNLIAN

高等数学学习指导与习题精练——
专升本考试能力提升训练

主　编　陈骑兵

副主编　石丽莉　王长辉

责任编辑:文　鹏　版式设计:文　鹏
责任校对:谢　芳　责任印制:殷　勤

*

重庆大学出版社出版发行
社址:重庆市沙坪坝区大学城西路 21 号
邮编:401331
电话:(023)88617190　88617185(中小学)
传真:(023)88617186　88617166
网址:http://www.cqup.com.cn
邮箱:fxk@ cqup.com.cn（营销中心）
全国新华书店经销
重庆正文印务有限公司印刷

*

开本:787mm×1092mm　1/16　印张:9.5　字数:198 千
2024 年 8 月第 1 版　　2025 年 8 月第 2 次印刷
印数:2 801—4 900
ISBN 978-7-5689-4661-2　定价:36.00 元

前　言

在深化教育改革和提高教学质量的今天,高等职业教育面临着前所未有的发展机遇与挑战。高等数学作为高等职业院校理工科学生的基础课程,也是理工农医类专升本考试统考科目,其重要性不言而喻。然而,在传统的教学模式下,不少学生在高等数学的学习过程中遇到了诸多困难和挑战。为解决学生课后学习资源缺乏、课后练习不足的问题,帮助专升本考生提升高等数学考试的能力,我们倾力打造了《高等数学学习指导与习题精练——专升本考试能力提升训练》这本有针对性的学习指导书。

本书的创新点主要体现在以下几个方面:

(1)全面覆盖学习内容

本书全面覆盖了高等数学的所有重要知识点,旨在为学生提供一个系统全面、深入浅出的学习工具。

(2)注重知识结构框图

精心构建知识结构框图,梳理详细的考试大纲,让学生在学习开始之前就能对高等数学的全貌有一个清晰的认识,明确学习目标,提高学习效率。

(3)注重典型题型总结

本书将高等数学中的重要概念、基本结论和解题方法详细阐述,并通过系统的归纳和总结,帮助学生建立扎实的理论基础。书中精选了大量典型例题,并提供了详尽的解题步骤和方法。

(4)注重基础精练与真题演练

本书配有基础精练习题,以题促学,以学促悟,让学生在实践中深化对知识点的理解和掌握。为了让学生能够更好地适应考试,本书还收录了大量历年真题,并以线上资源的形式提供了详细的解题分析,帮助学生熟悉考试题型,提高解题速度和准确率。

全书由陈骑兵担任主编,负责总体设计及统稿。本书具体编写分工为:钱玲编写第 1 章,王春辉编写第 2、3 章,黄添喜、陈骑兵编写第 4 章,石丽莉编写第 5、7 章,王长辉编写第 6 章,陈骑兵编写第 8 章。

我们深知在高等数学学习和专升本的征途上,每一位学生都怀揣着对知识的渴望和对未来的憧憬。我们期望通过本书的指导和训练,为学习者未来的学习和生活铺设坚实的基石。

在此,我们衷心感谢所有参与本书编写的作者和编辑,你们的辛勤工作和无私奉献使得本书得以面世。同时,也感谢每一位读者对我们工作的支持和认可。愿本书能成为你们学习道路上的良师益友,引领大家在高等数学的学海中乘风破浪、扬帆远航。

在编写本书的过程中,我们参考了大量的相关资料和教材,在此对这些资料和教材的作者表示衷心的感谢!对于书中存在的不妥之处,恳请各界同仁不吝指正。

编　者

2024 年 3 月

目　录

第 1 章
函数、极限和连续

[考试大纲]

1) 函数

（1）理解函数的概念，会求函数（含分段函数）的定义域、表达式及函数值. 会建立实际问题的函数关系式.

（2）理解函数的单调性、奇偶性、有界性和周期性的概念.

（3）了解函数 $y=f(x)$ 与其反函数 $y=f^{-1}(x)$ 之间的关系（定义域、值域、图像），会求单调函数的反函数.

（4）掌握函数的四则运算与复合运算，熟练掌握复合函数的复合过程.

（5）熟练掌握基本初等函数的性质及其图像.

（6）了解初等函数的概念.

2) 极限

（1）了解数列极限的概念，了解数列极限的唯一性、收敛数列的有界性.

（2）了解函数极限的概念，理解函数极限存在的充分必要条件，理解函数极限的唯一性、局部保号性.

（3）熟练掌握极限的四则运算法则.

（4）了解数列极限的两个收敛准则（夹逼准则与单调有界准则）、函数极限的夹逼准则. 熟练掌握两个重要极限.

（5）了解无穷小量、无穷大量的概念，掌握无穷小量的性质，掌握无穷小量与无穷大量的关系. 会比较无穷小量的阶（高阶、低阶、同阶和等价）. 会用等价无穷小量求极限.

3) 连续

（1）理解函数在一点连续与间断的概念，会判断函数（含分段函数）的连续性.

（2）会求函数的间断点并判断其类型.

（3）理解闭区间上连续函数的有界性定理、最值定理、介值定理，会用零点存在定理进行证明.

（4）了解初等函数在其定义区间上的连续性，会用函数的连续性求极限.

[知识结构框图]

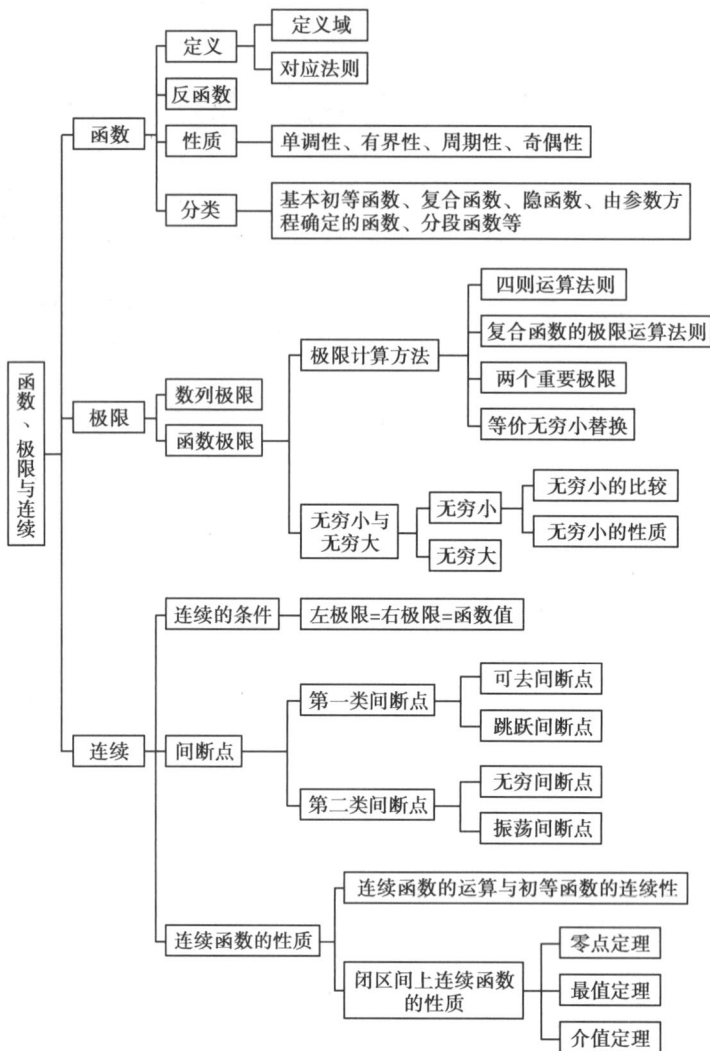

```
                            ┌─ 定义 ──┬── 定义域
                            │         └── 对应法则
                            ├─ 反函数
                  ┌─ 函数 ──┤
                  │         ├─ 性质 ──── 单调性、有界性、周期性、奇偶性
                  │         │
                  │         └─ 分类 ──── 基本初等函数、复合函数、隐函数、由参数方
                  │                      程确定的函数、分段函数等
                  │
                  │                                      ┌── 四则运算法则
                  │                                      │
                  │                   ┌─ 数列极限        ├── 复合函数的极限运算法则
                  │                   │    ┌─ 极限计算方法┤
  函数、极限与连续 ─┤         ┌─ 极限 ──┤    │             ├── 两个重要极限
                  │         │         └─ 函数极限        │
                  │         │              │            └── 等价无穷小替换
                  │         │              │
                  │         │              │            ┌── 无穷小 ──┬── 无穷小的比较
                  │         │              └─ 无穷小与 ──┤            └── 无穷小的性质
                  │         │                 无穷大     └── 无穷大
                  │
                  │         ┌─ 连续的条件 ──── 左极限=右极限=函数值
                  │         │
                  │         │                              ┌── 可去间断点
                  │         │              ┌─ 第一类间断点 ┤
                  └─ 连续 ──┤              │                └── 跳跃间断点
                            ├─ 间断点 ─────┤
                            │              │                ┌── 无穷间断点
                            │              └─ 第二类间断点 ┤
                            │                               └── 振荡间断点
                            │
                            │              ┌─ 连续函数的运算与初等函数的连续性
                            └─ 连续函数的性质┤
                                           │                   ┌── 零点定理
                                           └─ 闭区间上连续函数 ─┤── 最值定理
                                               的性质          └── 介值定理
```

$$\S 1.1 \quad 函 \quad 数$$

1.1.1　重要概念、结论与方法

1) 函数的概念

(1) 函数的要素有:自变量 x,定义域 D,因变量 y,对应法则 f,值域 M.

(2) 基本初等函数包括常值函数、幂函数、指数函数、对数函数、三角函数、反三角函数.

(3) 初等函数是由基本初等函数和常数经过有限次四则运算和复合而得到的、能用一个式子表示的函数.

(4) 经济学中的常用函数有需求函数、供给函数、收益函数、成本函数、利润函数 5 种.

2）函数的性质

函数的性质有：奇偶性、单调性、有界性、周期性.可以用这些特性来揭示函数的性态.

3）重要结论与方法

（1）在函数的要素中，关键要素是对应法则 f 和定义域 D.如果两个函数的对应法则 f 和定义域 D 都相同，则称这两个函数是相同的.

（2）对于函数 $y = f(x)$，其反函数是否存在，取决于对应法则是否一一对应.

（3）两个函数的复合，关键在于第二个函数的值域是否包含在第一个函数的定义域中，故有时候复合函数的定义域要缩小一些.

1.1.2 典型例题

例 1.1.1 函数 $y = \dfrac{1}{\sqrt{x-3}}$ 的定义域是 _____.

解 由 $\begin{cases} x-3 \geqslant 0 \\ x-3 \neq 0 \end{cases}$ 可得 $x>3$，所以定义域为 $(3, +\infty)$.求函数定义域时，一般主要针对一些基本形式来确定其定义域，基本形式有 $\sqrt{A}, \dfrac{1}{A}, \ln A, \arcsin A, \arccos A$ 等，其相应的定义域为 $A \geqslant 0, A \neq 0, A > 0, |A| \leqslant 1$ 等.

例 1.1.2 已知 $f(2x) = x^2 + x + 1$，则 $f(x) =$ _____.

解 令 $2x = t$，则 $x = \dfrac{t}{2}$.由题可知 $f(2x) = x^2 + x + 1$，即 $f(t) = \dfrac{t^2}{4} + \dfrac{t}{2} + 1$，由"变量无关性"可知 $f(x) = \dfrac{x^2}{4} + \dfrac{x}{2} + 1$.

例 1.1.3 曲线 $f(x) = x^2 \sin x$ 关于 _____ 对称.

解 因为 $f(-x) = (-x)^2 \sin(-x) = -x^2 \sin x$，即 $f(-x) = -f(x)$，所以 $f(x)$ 是奇函数，关于原点对称.若 $f(-x) = f(x)$，则 $f(x)$ 为偶函数，关于 y 轴对称.

例 1.1.4 设函数 $f(x) = x^4 + 2^x - 1$，则该函数是（　　）.

A.奇函数 　　　　 B.偶函数 　　　　 C.非奇非偶函数 　　　　 D.既奇又偶函数

解 因为 $f(-x) = (-x)^4 + 2^{(-x)} - 1 = x^4 + \dfrac{1}{2^x} - 1$，所以 $f(-x) \neq -f(x)$，$f(-x) \neq f(x)$，故 $f(x)$ 为非奇非偶函数.故选 C.

有结论如下：奇函数±奇函数为奇函数，偶函数±偶函数为偶函数，奇函数±偶函数为非奇非偶函数；奇函数×（÷）奇函数为偶函数，偶函数×（÷）偶函数为偶函数，奇函数×（÷）偶函数为奇函数；奇函数与奇函数复合为奇函数，奇函数与偶函数复合为偶函数.

例 1.1.5 分解下列复合函数：

（1）$y = \sin^2 \cos(x+1)$；　　　　　　　　（2）$y = \arcsin \mathrm{e}^{-x}$.

解 （1）$y = u^2, u = \sin v, v = \cos w, w = x+1$.

（2）$y = \arcsin u, u = \mathrm{e}^v, v = -x$.

分解后的每一个函数必须是简单函数，即必须是基本初等函数，或由基本初等函数构成的四则运算式.

1.1.3 基础精练

精练 1.1.1 求下列各函数的定义域:

(1) $y = \arcsin(2x-1)$;

(2) $y = \dfrac{2}{x} + \sqrt{1-x^2}$.

精练 1.1.2 下列各题中函数对是否相同? 为什么?

(1) $f(x) = 1, g(x) = \dfrac{x}{x}$;

(2) $f(x) = \lg x^2, g(x) = 2\lg x$.

精练 1.1.3 设 $f(x) = \dfrac{x}{x-1}$,求 $f[f(x)]$ 和 $f\{f[f(x)]\}$.

精练 1.1.4 设 $f(x-1) = x^2 - 2x + 2$,求 $f(x), f(x+1)$.

精练 1.1.5 指出下列复合函数的复合步骤:

(1) $y = \sin^3(\sqrt{x}-1)$;　　(2) $y = \sqrt[3]{\ln(x^2-1)}$;　　(3) $y = \cos \mathrm{e}^{\arcsin x}$.

1.1.4 真题演练

演练 1.1.1 函数 $y = \lg(4-x^2) + \arccos \dfrac{x-1}{3}$ 的定义域是_____.

演练 1.1.2 下列各函数对中,(　　)中的两个函数相等.

A. $f(x) = \dfrac{x^2}{x}, g(x) = x$

B. $f(x) = \ln x^2, g(x) = 2\ln x$

C. $f(x) = \sqrt{x^2}, g(x) = x$

D. $f(x) = x^2 - 2x - 1, g(t) = t^2 - 2t - 1$

演练 1.1.3　设 $f(x+1)=x^2-1$，则 $f(x)=$（　　　）.

A. $x(x+1)$　　　　　　B. x^2　　　　　　C. $x(x-2)$　　　　　　D. $(x+2)(x-1)$

演练 1.1.4　函数 $f(x)=\begin{cases} x^3, & x\in[-3,0] \\ -x^3, & x\in(0,2] \end{cases}$ 是（　　　）.

A. 有界函数　　　　　B. 奇函数　　　　　C. 偶函数　　　　　　D. 周期函数

演练 1.1.5　已知 $f(x)=\begin{cases} \dfrac{1}{x}, & |x|>1 \\ 0, & |x|\leqslant 1 \end{cases}$，则 $f[f(2021)]=$ _____.

§1.2　极限的概念与计算

1.2.1　重要概念、结论与方法

1) 极限的概念

在极限的描述定义的基础上,主要介绍函数极限的精确定义.

（1）数列极限:对数列 $\{x_n\}$，$\forall\varepsilon>0$，若 $\exists$ 正整数 N，使 $n>N$ 时 $|x_n-A|<\varepsilon$，则称数列 $\{x_n\}$ 在 $n\to\infty$ 时极限为 A 或收敛于 A，记为 $\lim\limits_{n\to\infty}x_n=A$.如果数列没有极限,就称数列是发散的.

（2）$x\to\infty$ 时函数极限:对函数 $f(x)$，若 $\forall\varepsilon>0$，$\exists M>0$，使 $|x|>M$ 时 $|f(x)-A|<\varepsilon$，则称函数 $f(x)$ 在 $x\to\infty$ 时极限为 A，记为 $\lim\limits_{x\to\infty}f(x)=A$ 或当 $x\to\infty$ 时 $f(x)\to A$.

（3）$x\to x_0$ 时函数极限:设函数 $f(x)$ 在点 x_0 的某空心邻域内有定义.对函数 $f(x)$，若 $\forall\varepsilon>0$，$\exists\delta>0$，使 $0<|x-x_0|<\delta$ 时 $|f(x)-A|<\varepsilon$，则称函数 $f(x)$ 在 $x\to x_0$ 时极限为 A，记为 $\lim\limits_{x\to x_0}f(x)=A$，或当 $x\to x_0$ 时 $f(x)\to A$.

2) 极限的性质

（1）数列极限的夹逼定理:如果数列 $\{x_n\}$、$\{y_n\}$、$\{z_n\}$ 满足 $\exists N_0\in N^+$，当 $n>N_0$ 时,有 $y_n\leqslant x_n\leqslant z_n$，且 $\lim\limits_{n\to\infty}y_n=\lim\limits_{n\to\infty}z_n=A$，那么数列 $\{x_n\}$ 极限存在,且 $\lim\limits_{n\to\infty}x_n=A$.

（2）极限的四则运算法则.

（3）两个重要极限 $\lim\limits_{x\to0}\dfrac{\sin x}{x}=1$，$\lim\limits_{x\to\infty}\left(1+\dfrac{1}{x}\right)^x=e$.

3) 重要结论与公式

（1）$\lim\limits_{x\to\infty}f(x)$ 存在的充分必要条件是 $\lim\limits_{x\to+\infty}f(x)$ 与 $\lim\limits_{x\to-\infty}f(x)$ 都存在并且相等,即 $\lim\limits_{x\to\infty}f(x)=A\Leftrightarrow\lim\limits_{x\to+\infty}f(x)=\lim\limits_{x\to-\infty}f(x)=A$.

（2）$\lim\limits_{x\to x_0}f(x)$ 存在的充分必要条件是 $\lim\limits_{x\to x_0^-}f(x)$ 和 $\lim\limits_{x\to x_0^+}f(x)$ 都存在且相等,即 $\lim\limits_{x\to x_0}f(x)=A\Leftrightarrow\lim\limits_{x\to x_0^-}f(x)=\lim\limits_{x\to x_0^+}f(x)=A$.

（3）$\lim\limits_{x\to\infty}f(x)=\lim\limits_{x\to\infty}\dfrac{P(x)}{Q(x)}=\lim\limits_{x\to\infty}\dfrac{a_0x^n+a_1x^{n-1}+\cdots+a_{n-1}x+a_n}{b_0x^m+b_1x^{m-1}+\cdots+b_{m-1}x+b_m}=\begin{cases} 0, & n<m \\ \dfrac{a_0}{b_0}, & n=m \\ \infty, & n>m \end{cases}$，其中 $a_0\neq0,b_0\neq0$.有

理分式极限公式适用于 $\dfrac{\infty}{\infty}$ 型,也适用于数列.

(4) $\lim\limits_{x\to\infty}\left(1+\dfrac{a}{x}\right)^{bx}=\mathrm{e}^{ab}$, $\lim\limits_{x\to 0}(1+ax)^{\frac{b}{x}}=\mathrm{e}^{ab}$, $\lim\limits_{x\to\infty}\left(\dfrac{ax+b}{ax+c}\right)^{x}=\mathrm{e}^{\frac{b-c}{a}}(a\neq 0)$.

1.2.2 典型例题

例 1.2.1 函数 $f(x)$ 在点 x_0 有定义是 $f(x)$ 在点 x_0 有极限的_____条件.

A.充分　　　　　　B.必要　　　　　　C.充分必要　　　　　　D.无关

解 $f(x)$ 在点 x_0 是否有极限,主要是考查 $f(x)$ 在点 x_0 处左右邻近的变化趋势,与 $f(x)$ 在点 x_0 处是否有定义无关.故应选 D.

例 1.2.2 设 $f(x)=\begin{cases}\dfrac{\tan ax}{x},&x<0\\x+2,&x\geqslant 0\end{cases}$, $\lim\limits_{x\to 0}f(x)$ 存在,求 a 的值.

解 因为 $\lim\limits_{x\to 0^-}f(x)=\lim\limits_{x\to 0^-}\dfrac{\tan ax}{x}=a$, $\lim\limits_{x\to 0^+}f(x)=\lim\limits_{x\to 0^+}(x+2)=2$,又 $\lim\limits_{x\to 0}f(x)$ 存在,所以 $\lim\limits_{x\to 0^-}f(x)=\lim\limits_{x\to 0^+}f(x)$,即 $a=2$.

例 1.2.3 计算极限 $\lim\limits_{n\to\infty}\dfrac{n^2(2n+1)}{n^3+n+4}$.

解 做极限题目时,应做到以下几个步骤:①先要观察所给题目是数列极限还是函数极限,如极限条件是"$n\to$"则是数列极限,如极限条件是"$x\to$"则是函数极限.②极限的计算应遵循"化→定→式"(化简、定型、套公式)的运算顺序.

本题定型为数列极限 $\dfrac{\infty}{\infty}$ 型,利用上边的公式即可.计算极限需要掌握极限思维"$\dfrac{C}{\infty}=0$, $\dfrac{C}{0}=\infty(C\neq 0)$ ".本题计算过程如下:分子分母同时除以最高次项,可不含系数;若题目为指数函数,则可除以底数最大项.

$$\lim_{n\to\infty}\frac{n^2(2n+1)}{n^3+n+4}=\lim_{n\to\infty}\frac{2+\dfrac{1}{n}}{1+\dfrac{1}{n^2}+\dfrac{4}{n^3}}=2.$$

例 1.2.4 求极限 $\lim\limits_{x\to -1}\left(\dfrac{1}{x+1}-\dfrac{3}{x^3+1}\right)$.

解 对求极限的函数先通分得

$$\lim_{x\to -1}\left(\frac{1}{x+1}-\frac{3}{x^3+1}\right)=\lim_{x\to -1}\frac{x^2-x+1-3}{x^3+1}=\lim_{x\to -1}\frac{(x-2)(x+1)}{(x+1)(x^2-x+1)}=\lim_{x\to -1}\frac{x-2}{x^2-x+1}=-1.$$

$\infty-\infty$ 型也是未定式,通分后为 $\dfrac{0}{0}$ 型,分解因式后约分,也可用洛必达法则计算.

例 1.2.5 计算极限 $\lim\limits_{n\to\infty}(\sqrt{n^2+n}-\sqrt{n^2-n})$.

解 由于题目中出现无理根式,故在计算时需先借助平方差公式进行化简(无理根式有理化).平方差公式: $(a+b)(a-b)=a^2-b^2$.本题无理根式在分子,采用分子有理化.计算过程为

$$\lim_{n\to\infty}\left(\sqrt{n^2+n}-\sqrt{n^2-n}\right)=\lim_{n\to\infty}\frac{\left(\sqrt{n^2+n}-\sqrt{n^2-n}\right)\left(\sqrt{n^2+n}+\sqrt{n^2-n}\right)}{\sqrt{n^2+n}+\sqrt{n^2-n}}$$

$$=\lim_{n\to\infty}\frac{2n}{\sqrt{n^2+n}+\sqrt{n^2-n}}\left(\frac{\infty}{\infty}\right)=\lim_{n\to\infty}\frac{2}{\sqrt{1+\frac{1}{n}}+\sqrt{1-\frac{1}{n}}}=1.$$

例 1.2.6 计算极限 $\lim\limits_{x\to2}\dfrac{\sin(x-2)}{2x-4}$.

解 这是函数极限中的 $\dfrac{0}{0}$ 型.由于分子为正弦函数,故可优先考虑第一个重要极限公式,寻找公式的特点以及公式使用注意事项即可解题.

$$\lim_{x\to2}\frac{\sin(x-2)}{2x-4}=\lim_{x\to2}\frac{\sin(x-2)}{2(x-2)}=\frac{1}{2}\lim_{x\to2}\frac{\sin(x-2)}{(x-2)}=\frac{1}{2}.$$

例 1.2.7 计算极限 $\lim\limits_{x\to0}(1+\sin2x)^{\frac{1}{x}}$.

解 这是极限中的 1^∞ 型.需抓住第二个重要极限公式的特征,观察题目中是否出现"1+"和"倒数关系".本题需要结合第一个重要极限公式和复合函数求极限才能作答. $\lim\limits_{x\to0}(1+\sin2x)^{\frac{1}{x}}=\lim\limits_{x\to0}(1+\sin2x)^{\frac{1}{\sin2x}\cdot\sin2x\cdot\frac{1}{x}}=\lim\limits_{x\to0}e^{\frac{\sin2x}{x}}=e^{\lim\limits_{x\to0}\frac{\sin2x}{x}}=e^2.$

1.2.3 基础精练

精练 1.2.1 计算下列极限:

(1) $\lim\limits_{x\to2}\dfrac{16-x^2}{7x-3}$;

(2) $\lim\limits_{x\to\infty}\dfrac{(2x-1)^{300}(3x-2)^{200}}{(2x+1)^{500}}$;

(3) $\lim\limits_{x\to2}\dfrac{\sqrt[3]{x-1}-1}{\sqrt{x-1}-1}$;

(4) $\lim\limits_{x\to+\infty}\left(\sqrt{x^2+2x}-\sqrt{x^2-3x}\right)$.

精练 1.2.2 计算下列极限:

(1) $\lim\limits_{x\to1}\dfrac{\sin(x^2-1)}{x^2-1}$;

(2) $\lim\limits_{x\to\infty}\left(\dfrac{x-1}{x+1}\right)^{\frac{x}{2}+4}$;

（3）$\lim\limits_{n\to\infty}\dfrac{\sqrt{n^2-3n}}{2n+1}$；

（4）$\lim\limits_{x\to\infty}\left(1-\dfrac{2}{x}\right)^{3x}$.

精练 1.2.3 设 $\lim\limits_{x\to1}\dfrac{x^2+ax+b}{1-x}=5$，求 a,b 的值.

精练 1.2.4 设 $f(x)=\begin{cases}-x^2, & x<0 \\ x, & x\geq0\end{cases}$，画出 $f(x)$ 的图形，求 $\lim\limits_{x\to0^-}f(x)$ 及 $\lim\limits_{x\to0^+}f(x)$，并讨论 $\lim\limits_{x\to0}f(x)$ 是否存在.

1.2.4 真题演练

演练 1.2.1 已知函数 $f(x)=\dfrac{|x|}{x}$，则 $\lim\limits_{x\to0}f(x)=$（　　　）.

A.1　　　　　　　B.-1　　　　　　　C.0　　　　　　　　D.不存在

演练 1.2.2 求极限 $\lim\limits_{n\to\infty}\left(\dfrac{1}{\sqrt{n^2+1}}+\dfrac{1}{\sqrt{n^2+2}}+\cdots+\dfrac{1}{\sqrt{n^2+n}}\right)$.

演练 1.2.3 已知 $\lim\limits_{x\to+\infty}\left(\dfrac{x^2}{x+1}-x-a\right)=2$，则常数 $a=$（　　　）.

A.1　　　　　　　B.2　　　　　　　C.-2　　　　　　　　D.-3

演练 1.2.4 计算下列极限：

（1）$\lim\limits_{x\to\infty}\dfrac{(2x-1)^2}{(3x+2)^2}$；

（2）$\lim\limits_{x\to+\infty}\left(\sqrt{x+1}-\sqrt{x}\right)$；

（3）$\lim\limits_{n\to\infty}\dfrac{1+2+\cdots+n}{n^2}$.

演练 1.2.5　计算下列极限：

$(1)\lim\limits_{x\to 0}\dfrac{\sin(\pi+x)-\sin(\pi-x)}{x}$;

$(2)\lim\limits_{n\to\infty}\left(1-\dfrac{2}{n}\right)^{-n}$;

$(3)\lim\limits_{x\to\infty}\left(1-\dfrac{1}{x}\right)^{2x+3}$;

$(4)\lim\limits_{x\to\infty}\left(\dfrac{x-1}{x+3}\right)^{x+2}$.

§1.3　无穷大与无穷小

1.3.1　重要概念、结论与方法

1) 基本概念

(1) 若在自变量 x 的某一变化过程中,函数 $f(x)$ 以零为极限,则称函数 $f(x)$ 为该自变量条件下的无穷小量(简称"无穷小").

(2) 若在自变量 x 的某一变化过程中,$\lim f(x)=\infty$,则称函数 $f(x)$ 为该自变量条件下的无穷大量(简称"无穷大").

(3) 设 $\alpha(x)$ 及 $\beta(x)$ 都是在自变量 x 的同一变化过程中的无穷小. 如果 $\lim\dfrac{\alpha(x)}{\beta(x)}=0$,则称 $\alpha(x)$ 是比 $\beta(x)$ 高阶的无穷小,记作 $\alpha(x)=o(\beta(x))$;如果 $\lim\dfrac{\alpha(x)}{\beta(x)}=A\neq 0$,则称 $\alpha(x)$ 与 $\beta(x)$ 是同阶无穷小;特别地,当 $\lim\dfrac{\alpha(x)}{\beta(x)}=1$ 时,则称 $\alpha(x)$ 与 $\beta(x)$ 是等价无穷小,记作 $\alpha(x)\sim\beta(x)$.

2) 无穷小与无穷大的性质

(1) 有限个无穷小之和仍为无穷小.

(2) 有界函数与无穷小之积仍为无穷小.

(3) 常数与无穷小之积仍为无穷小;有限个无穷小之积仍为无穷小.

(4) 在自变量的同一变化过程中,如果 $f(x)$ 为无穷大,则 $\dfrac{1}{f(x)}$ 为无穷小;反之,如果 $f(x)$ 为无穷小,且 $f(x)\neq 0$,则 $\dfrac{1}{f(x)}$ 为无穷大.

3) 重要结论与方法

(1) 无限个无穷小的代数和不一定是无穷小.

（2）无穷小之商不一定为无穷小，即 $\dfrac{0}{0}$ 为未定型.常见的未定型还有 $\dfrac{\infty}{\infty}$，$0 \cdot \infty$，$\infty - \infty$，1^{∞}，0^{0}，∞^{0} 等.

（3）等价无穷小替换：在自变量的同一变化过程中，$\alpha \sim \alpha'$，$\beta \sim \beta'$，若 $\lim \dfrac{\beta}{\alpha} = A$ 或 ∞，则 $\lim \dfrac{\beta'}{\alpha'} = A$ 或 ∞.

（4）当 $x \to 0$ 时，$\sin x \sim x$，$\tan x \sim x$，$\arcsin x \sim x$，$\arctan x \sim x$，$1 - \cos x \sim \dfrac{1}{2}x^2$，$e^x - 1 \sim x$，$\ln(1+x) \sim x$.

1.3.2 典型例题

例 1.3.1 下列变量在自变量给定的变化过程中不是无穷小的是（   ）.

A. $2^{-x} - 1 \, (x \to 0)$　　　　　　B. $\dfrac{x}{\sqrt{x^3 - 2x + 1}} \, (x \to +\infty)$

C. $x^2 \left(3 - \sin \dfrac{1}{x} \right) \, (x \to 0)$　　　　D. $e^{\frac{1}{x}} \, (x \to 0^+)$

解　因为 $\lim\limits_{x \to 0^+} e^{\frac{1}{x}} = +\infty$ 是无穷大，不是无穷小量，故选 D.

例 1.3.2 如果 $\lim\limits_{x \to a} f(x) = \infty$，$\lim\limits_{x \to a} g(x) = -\infty$，下列极限成立的是（   ）.

A. $\lim\limits_{x \to a} [f(x) + g(x)] = 0$　　　　B. $\lim\limits_{x \to a} [f(x) - g(x)] = \infty$

C. $\lim\limits_{x \to a} \dfrac{1}{f(x) + g(x)} = \infty$　　　　D. $\lim\limits_{x \to a} \dfrac{1}{f(x)} = 0$

解　A、B、C 选项为未定型，只有 D 选项符合性质.故选 D.

例 1.3.3 当 $x \to 1$ 时，无穷小 $1 - x$ 和 $\dfrac{1}{2}(1 - x^2)$ 的关系是（   ）.

A.高阶　　　　B.同阶　　　　C.等价　　　　D.以上都不是

解　因为 $\lim\limits_{x \to 1} \dfrac{\frac{1}{2}(1 - x^2)}{1 - x} = \lim\limits_{x \to 1} \dfrac{\frac{1}{2}(1 + x)(1 - x)}{1 - x} = \lim\limits_{x \to 1} \dfrac{1}{2}(1 + x) = 1$，所以两者关系为等价无穷小,故选 C.

例 1.3.4 计算下列极限：

（1）$\lim\limits_{x \to \infty} \dfrac{\cos 3x}{x^3}$；　　　　　　（2）$\lim\limits_{x \to 0} \dfrac{\sqrt{1 + 3x} - 1}{\arcsin x}$；

（3）$\lim\limits_{x \to 0} \dfrac{\sin x - \tan x}{x^3}$；　　　　　（4）$\lim\limits_{x \to 0} \dfrac{\sin 2x \cdot (e^{3x} - 1)}{\ln^2(1 + 3x)}$.

解　（1）$\lim\limits_{x \to \infty} \dfrac{\cos 3x}{x^3} = \lim\limits_{x \to \infty} \cos 3x \cdot \dfrac{1}{x^3} = 0$，有界量与无穷小之积为无穷小；

$(2) \lim_{x \to 0} \dfrac{\sqrt{1+3x}-1}{\arcsin x} = \lim_{x \to 0} \dfrac{\frac{3}{2}x}{x} = \dfrac{3}{2};$

$(3) \lim_{x \to 0} \dfrac{\sin x - \tan x}{x^3} = \lim_{x \to 0} \dfrac{\sin x - \frac{\sin x}{\cos x}}{x^3} = \lim_{x \to 0} \dfrac{\sin x (\cos x - 1)}{x^3 \cos x} = \lim_{x \to 0} \dfrac{x \cdot \left(-\frac{1}{2} x^2\right)}{x^3 \cos x} = -\dfrac{1}{2};$

$(4) \lim_{x \to 0} \dfrac{\sin 2x \cdot (e^{3x} - 1)}{\ln^2(1+3x)} = \lim_{x \to 0} \dfrac{2x \cdot 3x}{(3x)^2} = \dfrac{2}{3}.$

(2)(3)(4)均利用了等价无穷小进行替换.

例 1.3.5　求极限 $\lim\limits_{x \to 0} \dfrac{\ln(2+x) - \ln 2}{e^{2x} - 1}$.

解　$\lim\limits_{x \to 0} \dfrac{\ln(2+x) - \ln 2}{e^{2x} - 1} = \lim\limits_{x \to 0} \dfrac{\ln \frac{2+x}{2}}{e^{2x} - 1} = \lim\limits_{x \to 0} \dfrac{\ln\left(1 + \frac{x}{2}\right)}{e^{2x} - 1} = \lim\limits_{x \to 0} \dfrac{\frac{x}{2}}{2x} = \dfrac{1}{4}.$

1.3.3　基础精练

精练 1.3.1　设 $f(x) = 1 - x, g(x) = 1 - \sqrt[3]{x}$,则当 $x \to 1$ 时,$f(x)$ 与 $g(x)$ 为同阶无穷小量.该说法对吗?

精练 1.3.2　若 $x \to 0$ 时,$1 - \cos x \sim m x^n$,求 m 与 n 的值.

精练 1.3.3　利用等价无穷小的性质计算极限:

$(1) \lim\limits_{x \to 0} \dfrac{\sin \alpha x}{\sin \beta x};$ 　　　　　　　　　　$(2) \lim\limits_{x \to 0} \dfrac{\tan 3x}{\sin 5x};$

$(3) \lim\limits_{x \to 0} \dfrac{1 - \cos 3x}{x \sin x};$ 　　　　　　　　　$(4) \lim\limits_{x \to \pi} \dfrac{\sin x}{\pi^2 - x^2}.$

精练 1.3.4　计算极限:

$(1) \lim\limits_{x \to 0} \dfrac{\ln(1+\sin x)}{\sin 3x}$;

$(2) \lim\limits_{x \to \infty} \dfrac{2x^2+1}{3x-1} \sin \dfrac{1}{x}$.

1.3.4　真题演练

演练 1.3.1　当 $x \to +\infty$ 时,$x \sin x$ 是(　　).

A.无穷大量　　　　　B.无穷小量　　　　　C.无界变量　　　　　D.有界变量

演练 1.3.2　当 $x \to 0^+$ 时,下列函数中(　　)是无穷小量.

A.$\mathrm{e}^{\frac{1}{x}}$ 　　　　　B.$x \sin \dfrac{1}{x}$ 　　　　　C.$\ln x$ 　　　　　D.$\dfrac{1}{x} \sin x$

演练 1.3.3　计算下列极限:

$(1) \lim\limits_{x \to \infty} \dfrac{2x-\sin x}{x+\sin x}$;

$(2) \lim\limits_{x \to \infty} \left(\dfrac{\sin x}{x} + x \sin \dfrac{1}{x} \right)$;

$(3) \lim\limits_{x \to \infty} \dfrac{\cos \mathrm{e}^x}{x}$.

演练 1.3.4　已知 $x \to 0$ 时,$\left(\sqrt{1+ax^2}-1 \right)$ 与 $\sin^2 x$ 是等价无穷小,求 a 的值.

演练 1.3.5　下列函数在 $x \to 0$ 时与 x^2 为同阶无穷小的是(　　).

A.2^x 　　　　　B.2^x-1 　　　　　C.$1-\cos x$ 　　　　　D.$x-\sin x$

§1.4　函数的连续性

1.4.1　重要概念、结论与方法

1)基本概念

(1)函数 $y=f(x)$ 在点 x_0 的某一邻域内有定义,若双侧极限等于函数值或 Δy 极限为 0,即 $\lim\limits_{x \to x_0} f(x)=f(x_0)$ 或 $\lim\limits_{\Delta x \to 0} \Delta y=0$,则称函数 $y=f(x)$ 在 $x=x_0$ 处连续.

(2)函数 $f(x)$ 在点 x_0 处间断时必满足下列情形之一:

①函数 $f(x)$ 在 x_0 处没有定义;

②虽然 $f(x)$ 在 x_0 处有定义,但极限 $\lim\limits_{x \to x_0} f(x)$ 不存在;

③函数 $f(x)$ 在 x_0 处有定义,$\lim\limits_{x \to x_0} f(x)$ 也存在,但 $\lim\limits_{x \to x_0} f(x) \neq f(x_0)$.

称左、右极限都存在的间断点为第一类间断点,其他的间断点称为第二类间断点.

第一类间断点又可分为:

①当 $\lim\limits_{x \to x_0^-} f(x)$ 与 $\lim\limits_{x \to x_0^+} f(x)$ 都存在但不相等时,称 x_0 为 $f(x)$ 的跳跃间断点;

②当 $\lim\limits_{x \to x_0} f(x)$ 存在,但不等于 $f(x_0)$ 或 $f(x)$ 在 x_0 处没有定义,称 x_0 为 $f(x)$ 可去间断点.

2)闭区间上连续函数的性质

(1)最大值与最小值定理:如果 $f(x)$ 在闭区间 $[a,b]$ 上连续,那么 $f(x)$ 在 $[a,b]$ 上必有最大值和最小值.

(2)介值定理:如果函数 $y=f(x)$ 在闭区间 $[a,b]$ 上连续,且其最大值和最小值分别为 M 和 m,那么对介于 m 与 M 之间的任何实数 c,至少存在一点 $\xi \in [a,b]$,使 $f(\xi)=c$.

(3)零点定理:设函数 $y=f(x)$ 在闭区间 $[a,b]$ 上连续,且 $f(a)$ 与 $f(b)$ 异号,则至少存在一点 $\xi \in (a,b)$,使得 $f(\xi)=0$.

3)重要结论与方法

(1)函数 $f(x)$ 在点 x_0 连续的充分必要条件是函数 $f(x)$ 在点 x_0 处既左连续,又右连续,即 $\lim\limits_{x \to x_0} f(x)=f(x_0) \Leftrightarrow \lim\limits_{x \to x_0^-} f(x)=f(x_0)=\lim\limits_{x \to x_0^+} f(x)$.

(2)基本初等函数在其定义域内都是连续的.

(3)初等函数在其定义区间内都是连续的,函数的连续区间就是它的定义区间.

(4)因为分段函数一般不是初等函数,所以在讨论分段函数的连续性时,要根据连续的定义讨论分段点的连续性.

1.4.2　典型例题

例 1.4.1　设 $f(x)=\begin{cases} x\sin^2\dfrac{1}{x}, & x>0 \\ a+x^2, & x \leq 0 \end{cases}$ 在点 $x=0$ 处连续,则 $a=$ _____.

解　$\lim\limits_{x \to 0^+} f(x)=\lim\limits_{x \to 0^+} x\sin^2\dfrac{1}{x}=0$,$f(0)=a$,因为函数 $f(x)$ 在点 $x=0$ 处连续,所以 $\lim\limits_{x \to 0^+} f(x)=f(0)$,即 $a=0$.

例 1.4.2　设 $f(x)=\begin{cases} \dfrac{x^2-1}{x-1}, & x \neq 1 \\ k, & x=1 \end{cases}$ 在 $(-\infty,+\infty)$ 内连续,则 $k=$ _____.

解　$\lim\limits_{x \to 1} f(x)=\lim\limits_{x \to 1}\dfrac{x^2-1}{x-1}=\lim\limits_{x \to 1}(x+1)=2$,$f(1)=k$,因为函数 $f(x)$ 在 $(-\infty,+\infty)$ 内处连续,所以在点 $x=1$ 处连续,故 $\lim\limits_{x \to 1} f(x)=f(1)$,$k=2$.

例 1.4.3　函数 $y=\dfrac{\sqrt{x}}{(x-2)(x+1)}$ 的连续区间是 _____.

解 初等函数的连续区间就是它的定义区间,由题可知 $\begin{cases} x \geq 0 \\ x-2 \neq 0, \text{解得函数的连续区间为} \\ x+1 \neq 0 \end{cases}$

$[0,2) \cup (2,+\infty)$.

例 1.4.4 求下列极限:

$(1) \lim\limits_{x \to 0} \ln \dfrac{\sin x}{x}$; $(2) \lim\limits_{x \to 1} \dfrac{\tan(x-1)}{x^2+x-2}$; $(3) \lim\limits_{x \to 0} x\left(\sin \dfrac{1}{x^2} - \dfrac{1}{\sin x}\right)$.

解 $(1) \lim\limits_{x \to 0} \ln \dfrac{\sin x}{x} = \lim \ln \dfrac{x}{x} = 0$;

$(2) \lim\limits_{x \to 1} \dfrac{\tan(x-1)}{x^2+x-2} = \lim\limits_{x \to 1} \dfrac{x-1}{x^2+x-2} = \lim\limits_{x \to 1} \dfrac{x-1}{(x-1)(x+2)} = \dfrac{1}{3}$;

$(3) \lim\limits_{x \to 0} x\left(\sin \dfrac{1}{x^2} - \dfrac{1}{\sin x}\right) = \lim\limits_{x \to 0}\left(x \sin \dfrac{1}{x^2} - \dfrac{x}{\sin x}\right) = -1$.

例 1.4.5 讨论函数 $f(x) = \dfrac{x^2-1}{x^2-3x+2}$ 的连续性,若有间断点,说明间断点的类型.

解 因为 $f(x) = \dfrac{x^2-1}{x^2-3x+2} = \dfrac{(x+1)(x-1)}{(x-2)(x-1)}$,所以 $f(x)$ 的间断点为 $x=1, x=2$. 又因为 $\lim\limits_{x \to 1} f(x) = \lim\limits_{x \to 1} \dfrac{(x+1)(x-1)}{(x-2)(x-1)} = -2, \lim\limits_{x \to 2} f(x) = \lim\limits_{x \to 1} \dfrac{(x+1)(x-1)}{(x-2)(x-1)} = \infty$,所以 $x=1$ 为可去间断点,$x=2$ 是无穷间断点.

例 1.4.6 证明方程 $x^3 - 2x = 1$ 至少有一个根介于 1 和 2 之间.

证明 设 $f(x) = x^3 - 2x - 1$,则 $f(x)$ 在 $[1,2]$ 上连续. 又因为 $f(1) = -2, f(2) = 3$,则 $f(1) \cdot f(2) < 0$,所以由零点定理得至少存在一点 $\xi \in (1,2)$,使得 $f(\xi) = 0$,即 ξ 就是方程 1 和 2 之间的根.

1.4.3 基础精练

精练 1.4.1 判断下列命题的真伪:

(1)若 $f(x)$ 在 $x \to x_0$ 时无极限,则 $f(x)$ 在 $x=x_0$ 处一定不连续.

(2)若 $f(x)$ 在 $x=x_0$ 点不连续,则 $f(x)$ 在 $x \to x_0$ 点处一定无极限.

(3)函数在点 x_0 处连续的充要条件是在点 x_0 处左、右连续.

(4)若定义 $f(-1) = 2$,则 $f(x) = \dfrac{1-x^2}{1+x}$ 在 $x=-1$ 处是连续的.

精练 1.4.2 设函数 $f(x)=\begin{cases}k\mathrm{e}^{2x}, & x<0 \\ 1+\cos x, & x\geqslant 0\end{cases}$ 在点 $x=0$ 处连续,求常数 k.

精练 1.4.3 求 a,b 的值,使函数 $f(x)=\begin{cases}\dfrac{\sqrt{1-ax}-1}{x}, & x<0 \\ ax+b, & 0\leqslant x\leqslant 1 \\ \arctan\dfrac{1}{x-1}, & x>1\end{cases}$ 在所定义的区间上处处连续.

精练 1.4.4 证明方程 $x=2\sin x+1$ 至少有一个小于 3 的正根.

1.4.4 真题演练

演练 1.4.1 函数 $f(x)=\begin{cases}\dfrac{\sin ax}{x}, & x>0 \\ 1-a\mathrm{e}^{x}, & x\leqslant 0\end{cases}$ 在点 $x=0$ 处连续,则 $a=$＿＿＿＿＿＿.

演练 1.4.2 函数 $f(x)=\begin{cases}x\sin\dfrac{1}{x}+1, & x\neq 0 \\ k, & x=0\end{cases}$ 在点 $x=0$ 处连续,则 $k=$＿＿＿＿＿＿.

演练 1.4.3 $x=1$ 是函数 $f(x)=\dfrac{x^4-1}{x^3-1}$ 的＿＿＿＿＿＿间断点.

演练 1.4.4 函数 $f(x)=\dfrac{\dfrac{1}{x}-\dfrac{1}{x+1}}{\dfrac{1}{x-1}-\dfrac{1}{x}}$ 的第一类间断点为＿＿＿＿＿＿.

演练 1.4.5 证明方程 $x=a\sin x+b(a>0,b>0)$ 至少有一个不超过 $a+b$ 的正根.

第 2 章
导数与微分

[考试大纲]

1) 导数

(1) 理解导数的概念、导数的几何意义、函数可导性与连续性之间的关系, 会用导数定义判断函数在某点处的可导性.

(2) 会求曲线的切线方程与法线方程.

(3) 熟练掌握导数的基本公式、四则运算法则、复合函数的求导法则.

(4) 掌握隐函数和由参数方程所确定的函数的求导法, 会用对数求导法, 会求分段函数的导数.

(5) 了解高阶导数的概念, 会求函数的高阶导数, 会求隐函数和由参数方程所确定函数的二阶导数.

2) 微分

理解函数微分的概念, 理解可微与可导的关系, 掌握微分的四则运算法则、一阶微分的形式不变性, 会求函数的微分.

[知识结构框图]

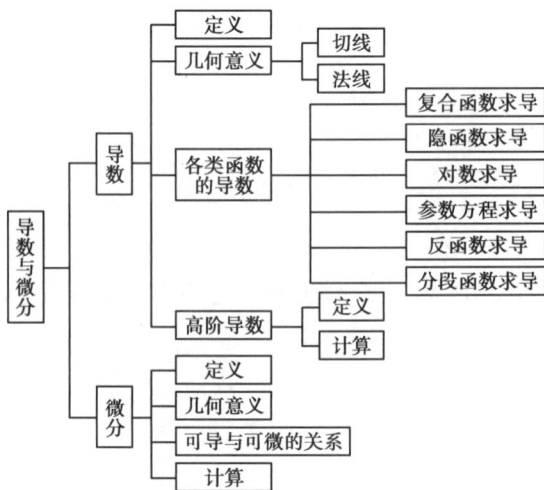

```
                              ┌─ 定义
                        ┌─────┤                    ┌─ 切线
                        │     └─ 几何意义 ─────────┤
                        │                          └─ 法线
                        │
                        │                          ┌─ 复合函数求导
                        │                          ├─ 隐函数求导
                  ┌─ 导数│          ┌─ 各类函数 ───┤─ 对数求导
                  │     │          │    的导数      ├─ 参数方程求导
                  │     ├──────────┤              ├─ 反函数求导
  导数                  │          │              └─ 分段函数求导
  与  ──┤              │          │
  微分                  │          │               ┌─ 定义
                  │     └─────────── 高阶导数 ─────┤
                  │                                └─ 计算
                  │
                  │          ┌─ 定义
                  └─ 微分 ───┤─ 几何意义
                             ├─ 可导与可微的关系
                             └─ 计算
```

§2.1　导数的概念

2.1.1　重要概念与结论

1) 可导及导数的概念

(1) 设函数 $y=f(x)$ 在点 x_0 的某个邻域内有定义, 当自变量 x 在点 x_0 处取得增量 Δx ($\Delta x \neq 0, x_0+\Delta x$ 仍在该邻域内) 时, 相应的函数 y 取得增量 $\Delta y = f(x_0+\Delta x) - f(x_0)$. 如果极限

$$\lim_{\Delta x \to 0} \frac{\Delta y}{\Delta x} = \lim_{\Delta x \to 0} \frac{f(x_0 + \Delta x) - f(x_0)}{\Delta x}$$

存在, 则称函数 $y=f(x)$ 在点 x_0 处可导, 并称此极限值为函数 $y=f(x)$ 在点 x_0 处的导数, 记为 $f'(x_0)$, $f'(x)\big|_{x=x_0}$, $y'\big|_{x=x_0}$, $\dfrac{dy}{dx}\bigg|_{x=x_0}$ 或 $\dfrac{df}{dx}\bigg|_{x=x_0}$.

若极限 $\lim\limits_{\Delta x \to 0} \dfrac{f(x_0+\Delta x) - f(x_0)}{\Delta x}$ 不存在, 即称函数 $y=f(x)$ 在点 x_0 处不可导.

(2) 如果函数 $y=f(x)$ 在开区间 (a,b) 内的每一点处都可导, 就称函数 $f(x)$ 在开区间 (a,b) 内可导. 此时, 对于任一 $x \in (a,b)$, 都对应着 $f(x)$ 的一个确定的导数值. 这样就构成了一个新的函数, 这个函数称为原来函数 $y=f(x)$ 的导函数, 简称导数, 记作 y', $f'(x)$, $\dfrac{dy}{dx}$ 或 $\dfrac{df(x)}{dx}$.

(3) 如果极限值 $\lim\limits_{\Delta x \to 0^-} \dfrac{\Delta y}{\Delta x}$ 存在, 则称其值为函数 $y=f(x)$ 在点 x_0 处的左导数, 记为 $f'_-(x_0)$, 即

$$f'_-(x_0) = \lim_{\Delta x \to 0^-} \frac{\Delta y}{\Delta x} = \lim_{\Delta x \to 0^-} \frac{f(x_0 + \Delta x) - f(x_0)}{\Delta x} = \lim_{x \to x_0^-} \frac{f(x) - f(x_0)}{x - x_0}.$$

如果极限值 $\lim\limits_{\Delta x \to 0^+} \dfrac{\Delta y}{\Delta x}$ 存在, 则称其值为函数 $y=f(x)$ 在点 x_0 处的右导数, 记为 $f'_+(x_0)$, 即

$$f'_+(x_0) = \lim_{\Delta x \to 0^+} \frac{\Delta y}{\Delta x} = \lim_{\Delta x \to 0^+} \frac{f(x_0 + \Delta x) - f(x_0)}{\Delta x} = \lim_{x \to x_0^+} \frac{f(x) - f(x_0)}{x - x_0}.$$

2) 重要结论与方法

(1) 函数 $f(x)$ 在点 x_0 处可导的充分必要条件是左导数 $f'_-(x_0)$ 和右导数 $f'_+(x_0)$ 都存在且相等. 即 $f'(x_0) = A \Leftrightarrow f'_-(x_0) = f'_+(x_0) = A$.

(2) 曲线 $y=f(x)$ 在点 $M(x_0, f(x_0))$ 处的切线方程为

$$y - x_0 = f'(x_0)(x - x_0).$$

(3) 曲线 $y=f(x)$ 在点 $M(x_0, f(x_0))$ 处的法线方程为

$$y - x_0 = -\frac{1}{f'(x_0)}(x - x_0).$$

(4) 可导函数一定是连续函数.

2.1.2 典型例题

例 2.1.1 设函数 $f(x)$ 在 $x=a$ 处可导,则 $\lim\limits_{h\to 0}\dfrac{f(a-2h)-f(a)}{h}=$ _____.

解 $\lim\limits_{h\to 0}\dfrac{f(a-2h)-f(a)}{h}=\lim\limits_{h\to 0}\dfrac{f(a-2h)-f(a)}{-2h}\cdot(-2)=-2f'(a).$

例 2.1.2 设函数 $f(x)=x(x+1)(x+2)\cdots(x+n)$,求 $f'(0)$.

解 由题意得 $f(0)=0$,所以

$$f'(0)=\lim\limits_{x\to 0}\frac{f(x)-f(0)}{x-0}$$
$$=\lim\limits_{x\to 0}\frac{x(x+1)(x+2)\cdots(x+n)-0}{x}$$
$$=\lim\limits_{x\to 0}(x+1)(x+2)\cdots(x+n)$$
$$=n!.$$

例 2.1.3 求函数 $f(x)=\begin{cases}1-\cos x, & x\geqslant 0\\ x, & x<0\end{cases}$ 在 $x=0$ 处的导数.

解 当 $\Delta x<0$ 时,$\Delta y=f(0+\Delta x)-f(0)=\Delta x-0=\Delta x$,故

$$f'_-(0)=\lim\limits_{\Delta x\to 0^-}\frac{\Delta y}{\Delta x}=\lim\limits_{\Delta x\to 0^-}\left(\frac{\Delta x}{\Delta x}\right)=1.$$

当 $\Delta x>0$ 时,$\Delta y=f(0+\Delta x)-f(0)=(1-\cos \Delta x)-0=1-\cos \Delta x$,故

$$f'_+(0)=\lim\limits_{\Delta x\to 0^+}\frac{\Delta y}{\Delta x}=\lim\limits_{\Delta x\to 0^+}\left(\frac{1-\cos \Delta x}{\Delta x}\right)=0.$$

由 $f'_-(0)\neq f'_+(0)$,所以函数 $f(x)$ 在 $x=0$ 处不可导.

例 2.1.4 求曲线 $y=x\ln x$ 平行于直线 $x-y+1=0$ 的切线方程.

解 因为平行于直线 $x-y+1=0$,故所求切线方程斜率 $k=1$.

对曲线 $y=x\ln x$ 求导,得 $y'=(x\ln x)'=\ln x+1=1$,则 $x=1$.

将 $x=1$ 代入曲线 $y=x\ln x$ 可得切点为 $(1,0)$,可求得切线方程为 $y=x-1$.

例 2.1.5 设函数 $f(x)=\begin{cases}2x^2, & x\leqslant 0\\ x\cos\dfrac{2}{x}, & x>0\end{cases}$,判断函数 $f(x)$ 在 $x=0$ 处的连续性与可导性.

解 分别求出函数在 $x=0$ 处的左右极限,

$$\lim\limits_{x\to 0^-}f(x)=\lim\limits_{x\to 0^-}\frac{2x^2-0}{x}=\lim\limits_{x\to 0^-}2x=0,$$

$$\lim\limits_{x\to 0^+}f(x)=\lim\limits_{x\to 0^+}\frac{x\cos\dfrac{2}{x}-0}{x}=\lim\limits_{x\to 0^-}\cos\frac{2}{x}\ \text{不存在},$$

所以函数 $f(x)$ 在 $x=0$ 处不可导.

因为 $\lim\limits_{x\to 0^-}2x^2=0,\lim\limits_{x\to 0^+}x\cos\dfrac{2}{x}=f(0)=0$,所以函数 $f(x)$ 在 $x=0$ 处连续.

综上,函数 $f(x)$ 在 $x=0$ 处连续但不可导.

2.1.3 基础精练

精练 2.1.1 根据导数定义求解下列函数在指定点的导数值:

(1) $y=\ln x, x_0=1$;　　　　　　(2) $y=\mathrm{e}^x, x_0=2$.

精练 2.1.2 已知 $f'(x_0)=a$,试计算下列极限:

(1) $\lim\limits_{\Delta x \to 0} \dfrac{f(x_0+\Delta x)-f(x_0-\Delta x)}{\Delta x}$;　　　　(2) $\lim\limits_{\Delta x \to 0} \dfrac{f(x_0-3\Delta x)-f(x_0)}{\Delta x}$.

精练 2.1.3 求曲线 $y=\cos x$ 在点 $\left(\dfrac{\pi}{6}, \dfrac{\sqrt{3}}{2}\right)$ 处的切线方程和法线方程.

精练 2.1.4 设函数 $f(x)=\begin{cases} x^2+5, & x \geqslant 1 \\ ax+b, & x<1 \end{cases}$,为使函数 $f(x)$ 在 $x=1$ 处连续且可导,a, b 应取什么值?

精练 2.1.5 一个物体做变速直线运动,已知路程与时间的函数关系为 $S(t)=t^3+5$,求该物体在 $t=2$ 时刻的瞬时速度.

2.1.4 真题演练

演练 2.1.1 设 $f'(0)=a$,则 $\lim\limits_{\Delta x \to 0} \dfrac{f(-\Delta x)-f(0)}{\Delta x}=$ _____.

演练 2.1.2 设 $f'(x_0) = -1$，则 $\lim\limits_{x \to 0} \dfrac{x}{f(x_0 - 2x) - f(x_0 - x)} = $ _____.

演练 2.1.3 已知 $f(x)$ 在 $x = x_0$ 处连续，且 $\lim\limits_{x \to x_0} \dfrac{f(x)}{x - x_0} = A$（$A$ 为常数），问：$f'(x_0)$ 是否存在？若存在，求 $f'(x_0)$ 的值.

演练 2.1.4 设 $f(x) = \begin{cases} \mathrm{e}^x, & x > 0 \\ \sin ax + b, & x \leq 0 \end{cases}$，其在 $x = 0$ 处可导，求 a, b 的值.

演练 2.1.5 设函数 $f(x)$ 在 $\mathbf{R}$ 上连续，且 $f(0) = 0$，$f'(0) = 2$，试求 $\lim\limits_{x \to 0} \dfrac{f(\mathrm{e}^x - 1)}{x}$.

§2.2 导数的运算

2.2.1 重要概念与结论

1）高阶导数的概念

一般地，如果函数 $y = f(x)$ 的导数 $f'(x)$ 在点 x 处可导，则称导函数 $f'(x)$ 在点 x 处的导数为函数 $y = f(x)$ 的二阶导数，记为

$$y'' \text{ 或 } f''(x) \text{ 或 } \frac{\mathrm{d}^2 y}{\mathrm{d}x^2} \text{ 或 } \frac{\mathrm{d}^2 f(x)}{\mathrm{d}x^2}.$$

类似地，可以定义 $y = f(x)$ 的三阶、……、n 阶导数，分别记为

$$y''' \text{ 或 } f'''(x) \text{ 或 } \frac{\mathrm{d}^3 y}{\mathrm{d}x^3} \text{ 或 } \frac{\mathrm{d}^3 f(x)}{\mathrm{d}x^3}, \cdots\cdots$$

$$y^{(n)} \text{ 或 } f^{(n)}(x) \text{ 或 } \frac{\mathrm{d}^n y}{\mathrm{d}x^n} \text{ 或 } \frac{\mathrm{d}^n f(x)}{\mathrm{d}x^n}.$$

二阶和二阶以上的导数统称为高阶导数，而把 y' 称为一阶导数. 如果函数 $y = f(x)$ 的 n 阶导数存在，则称 $f(x)$ 为 n 阶可导函数.

2) 基本求导公式

基本初等函数的导数公式：

$(1)\ (C)' = 0$

$(2)\ (x^{\mu})' = \mu x^{\mu-1}$

$(3)\ (\sin x)' = \cos x$

$(4)\ (\cos x)' = -\sin x$

$(5)\ (\tan x)' = \sec^2 x$

$(6)\ (\cot x)' = -\csc^2 x$

$(7)\ (\sec x)' = \sec x \tan x$

$(8)\ (\csc x)' = -\csc x \cot x$

$(9)\ (a^x)' = a^x \ln a$

$(10)\ (e^x)' = e^x$

$(11)\ (\log_a x)' = \dfrac{1}{x \ln a} = \dfrac{1}{x}\log_a e$

$(12)\ (\ln x)' = \dfrac{1}{x}$

$(13)\ (\arcsin x)' = \dfrac{1}{\sqrt{1-x^2}}$

$(14)\ (\arccos x)' = -\dfrac{1}{\sqrt{1-x^2}}$

$(15)\ (\arctan x)' = \dfrac{1}{1+x^2}$

$(16)\ (\text{arccot } x)' = -\dfrac{1}{1+x^2}$

3) 重要结论与方法

(1) 四则运算法则：设函数 $u=u(x)$ 及 $v=v(x)$ 在点 x 处可导，则 $u(x)$ 与 $v(x)$ 的和、差、积、商（分母不为零）也可导，且

① $[u(x) \pm v(x)]' = u'(x) \pm v'(x)$；

② $[u(x)v(x)]' = u'(x)v(x) + u(x)v'(x)$；

③ $\left[\dfrac{u(x)}{v(x)}\right]' = \dfrac{u'(x)v(x) - u(x)v'(x)}{[v(x)]^2}\ [(v(x) \neq 0)]$.

特别地，当 $u(x) = 1$ 时，$\left[\dfrac{u(x)}{v(x)}\right]' = \left(\dfrac{1}{v(x)}\right)' = -\dfrac{v'(x)}{v^2(x)}$.

(2) 反函数求导法则：如果单调连续函数 $x=\varphi(y)$ 在点 y 处可导，且 $\varphi'(y) \neq 0$，那么它的反函数 $y=f(x)$ 在对应的点 x 处可导，且有 $f'(x) = \dfrac{1}{\varphi'(y)}$ 或 $\dfrac{\mathrm{d}y}{\mathrm{d}x} = \dfrac{1}{\dfrac{\mathrm{d}x}{\mathrm{d}y}}$.

(3) 复合函数求导法则：如果 $u=g(x)$ 在点 x 处可导，而 $y=f(u)$ 在点 $u=g(x)$ 处可导，则复合函数 $y=f[g(x)]$ 在点 x 处可导，且其导数为

$$[f(g(x))]' = f'(u)g'(x) \quad 或\ y'_x = y'_u \cdot g'_x,\ 或\dfrac{\mathrm{d}y}{\mathrm{d}x} = \dfrac{\mathrm{d}y}{\mathrm{d}u} \cdot \dfrac{\mathrm{d}u}{\mathrm{d}x}.$$

2.2.2　典型例题

例 2.2.1　已知 $y = \sqrt{x\sqrt{x}} + x \tan x - e^2$，求 $y'|_{x=\pi}$.

解　因为 $y = x^{\frac{3}{4}} + x \tan x - e^2$，
由四则运算法则可得

$$y' = \dfrac{3}{4}x^{-\frac{1}{4}} + \tan x + x \sec^2 x.$$

例 2.2.2　设 $f(x) = \dfrac{1-x}{1+x}$，求 $f'(1)$.

解 由四则运算法则可得

$$f'(x) = \left(\frac{1-x}{1+x}\right)' = \frac{(1-x)'(1+x) - (1-x)(1+x)'}{(1+x)^2} = \frac{-2}{(1+x)^2}.$$

所以 $f'(1) = \frac{-2}{(1+1)^2} = -\frac{1}{2}$.

例 2.2.3 设 $y = x^2 + 2x - 1 (x > 0)$，则其反函数在 $y = 2$ 处导数为（　　　）．

A. $\frac{1}{4}$　　　　　　B. $-\frac{1}{4}$　　　　　　C. $\frac{1}{2}$　　　　　　D. $-\frac{1}{2}$

解 由四则运算法则可得 $y' = 2x + 2. y = 2$ 时，$x = 1$ 或 $x = -3$（舍），$y'(1) = 4$，所以 $x = \varphi(y)$ 在 $y = 2$ 处的导数为 $\varphi'(2) = \frac{1}{y'(1)} = \frac{1}{4}$，故选 A.

例 2.2.4 求函数 $y = \sin^2 \frac{2x}{1+x^2}$ 的导数.

解 函数 $y = \sin^2 \frac{2x}{1+x^2}$ 可以写为 $y = \left(\sin \frac{2x}{1+x^2}\right)^2$，设 $y = u^2, u = \sin v, v = \frac{2x}{1+x^2}$，则

$$\frac{dy}{dx} = \frac{dy}{du} \cdot \frac{du}{dv} \cdot \frac{dv}{dx} = 2u \cdot \cos v \cdot \frac{2(1+x^2) - 2x \cdot 2x}{(1+x^2)^2}$$

$$= 2 \sin \frac{2x}{1+x^2} \cos \frac{2x}{1+x^2} \cdot \frac{2(1+x^2)}{(1+x^2)^2}$$

$$= \frac{2(1-x^2)}{(1+x^2)^2} \sin \frac{4x}{1+x^2}.$$

例 2.2.5 设 $y = \ln \sqrt{\frac{1-x}{1+x^2}}$，求 $y''|_{x=0}$.

解 先化简：$y = \ln \sqrt{\frac{1-x}{1+x^2}} = \frac{1}{2}\left[\ln(1-x) - \ln(1+x^2)\right]$，再求导.

$$y' = \frac{1}{2}\left(\frac{-1}{1-x} - \frac{2x}{1+x^2}\right);$$

$$y'' = \frac{1}{2}\left(\frac{-1}{(1-x)^2} - \frac{2(1+x^2) - 2x \cdot 2x}{(1+x^2)^2}\right) = -\frac{1}{2(1-x)^2} - \frac{1-x^2}{(1+x^2)^2}.$$

代入 $x = 0$ 得

$$y''|_{x=0} = -\frac{3}{2}.$$

2.2.3 基础精练

精练 2.2.1 求出下列函数的导数：

(1) $y = 4x^4 - 3x^2 + 6$;　　　　　　　　　　(2) $y = 2\tan x + \sec x - 1$;

（3）$y = 3^x \ln x$；

（4）$y = 2^x \cot x$；

（5）$y = \dfrac{2 - \ln x}{2 + \ln x}$；

（6）$y = \dfrac{x \sin x}{1 + x}$.

精练 2.2.2　指出下列函数的复合过程,并求出导数:

（1）$y = \ln(2x - 1)$；

（2）$y = (x^3 + 2x - 1)^2$；

（3）$y = \sin^2 x$；

（4）$y = \arctan \dfrac{1}{x}$.

精练 2.2.3　求下列函数的二阶导数:

（1）$y = x \cos x$；

（2）$y = \ln(1 + x^2)$；

（3）$y = \sin^2 x$；

（4）$y = \sqrt{a^2 + x}$.

精练 2.2.4　已知 $y = \dfrac{1}{1 + x}$, 求 $y^{(n)}$.

精练 2.2.5 注射某种药物的反应程度 y 与剂量 x 有如下关系：$y = x^2 - \dfrac{x^3}{3}$. 如果将敏感度定义为 $\dfrac{\mathrm{d}y}{\mathrm{d}x}$，求当注射剂量 $x = 3$，$x = 4$ 时的敏感度.

2.2.4 真题演练

演练 2.2.1 下列求导中，正确的是(　　　).

A. $\sin(\mathrm{e})' = \cos \mathrm{e}$ 　　　　　　　　B. $\sin(\mathrm{e})' = 0$

C. $\sin(\mathrm{e}^x)' = \cos \mathrm{e}^x$ 　　　　　　　D. $\sin(\mathrm{e}^x)' = \mathrm{e}^x \sin \mathrm{e}^x$

演练 2.2.2 设 $y = \dfrac{\sqrt{x+1} - \sqrt{x+2}}{\sqrt{x+1} + \sqrt{x+2}}$，求 $\dfrac{\mathrm{d}y}{\mathrm{d}x}$.

演练 2.2.3 设函数 $y = f(\sin x^2)$，其中 $f(u)$ 可导，求 $y' = $ ＿＿＿＿＿.

演练 2.2.4 已知 $f(u)$ 可导，计算 $f(x^2)$ 的二阶导数为＿＿＿＿＿.

演练 2.2.5 求函数 $y = x\mathrm{e}^x$ 的 n 阶导数的一般表达式.

§2.3　函数的微分

2.3.1 重要概念与结论

1) 微分的概念

若函数 $y = f(x)$ 在点 x_0 处可导，则 $f'(x_0)\Delta x$ 称为函数 $f(x)$ 在点 x_0 处的微分，记作 $\mathrm{d}y$，即 $\mathrm{d}y = f'(x_0)\Delta x$. 此时也称函数 $f(x)$ 在点 x_0 处可微.

由微分的定义可知，自变量 x 的微分 $\mathrm{d}x = (x)'\Delta x = \Delta x$，所以上式又可写成

$$\mathrm{d}y = f'(x_0)\mathrm{d}x.$$

2) 基本微分公式

基本初等函数的微分公式：

$(1)\mathrm{d}(C)=0$　　　　　　　　　　　$(2)\mathrm{d}(x^{\mu})=\mu x^{\mu-1}\mathrm{d}x$

$(3)\mathrm{d}(\sin x)=\cos x\mathrm{d}x$　　　　　　$(4)\mathrm{d}(\cos x)=-\sin x\mathrm{d}x$

$(5)\mathrm{d}(\tan x)=\sec^2 x\mathrm{d}x$　　　　　$(6)\mathrm{d}(\cot x)=-\csc^2 x\mathrm{d}x$

$(7)\mathrm{d}(\sec x)=\sec x\tan x\mathrm{d}x$　　　$(8)\mathrm{d}(\csc x)=-\csc x\cot x\mathrm{d}x$

$(9)\mathrm{d}(a^x)=a^x\ln a\mathrm{d}x$　　　　　$(10)\mathrm{d}(\mathrm{e}^x)=\mathrm{e}^x\mathrm{d}x$

$(11)\mathrm{d}(\log_a x)=\dfrac{1}{x\ln a}=\dfrac{1}{x}\log_a\mathrm{e}\mathrm{d}x$　　$(12)\mathrm{d}(\ln x)=\dfrac{1}{x}\mathrm{d}x$

$(13)\mathrm{d}(\arcsin x)=\dfrac{1}{\sqrt{1-x^2}}\mathrm{d}x$　　$(14)\mathrm{d}(\arccos x)=-\dfrac{1}{\sqrt{1-x^2}}\mathrm{d}x$

$(15)\mathrm{d}(\arctan x)=\dfrac{1}{1+x^2}\mathrm{d}x$　　$(16)\mathrm{d}(\operatorname{arccot} x)=-\dfrac{1}{1+x^2}\mathrm{d}x$

3) 重要结论与方法

(1)可微充要条件:函数 $f(x)$ 在点 x_0 处可微的充分必要条件是函数 $f(x)$ 在 x_0 点处可导,且

$$\mathrm{d}y=f'(x_0)\mathrm{d}x.$$

即可微与可导是等价的.

(2)四则运算法则:根据微分的定义,结合函数和、差、积、商的求导法则,可推得相应的微分法则[设 $u=u(x),v=v(x)$ 都可导]:

①$\mathrm{d}(u\pm v)=\mathrm{d}u\pm\mathrm{d}v$;

②$\mathrm{d}(Cu)=C\mathrm{d}u(C$ 是常数$)$;

③$\mathrm{d}(uv)=v\mathrm{d}u+u\mathrm{d}v$;

④$\mathrm{d}\left(\dfrac{u}{v}\right)=\dfrac{v\mathrm{d}u-u\mathrm{d}v}{v^2}(v\neq 0)$.

(3)复合函数微分法:设 $y=f(u)$ 及 $u=g(x)$ 都可导,则复合函数 $y=f[g(x)]$ 的微分为

$$\mathrm{d}y=y'_x\mathrm{d}x=f'(u)g'(x)\mathrm{d}x.$$

由于 $g'(x)\mathrm{d}x=\mathrm{d}u$,所以复合函数 $y=f[g(x)]$ 的微分公式也可以写成

$$\mathrm{d}y=f'(u)\mathrm{d}x \text{ 或 } \mathrm{d}y=y'_u\mathrm{d}u.$$

这一性质称为一阶微分形式不变性.

(4)利用微分求解参数方程导数:设变量 x 和 y 之间的函数关系由方程组

$$\begin{cases}x=g(t)\\y=f(t)\end{cases}$$

所确定,若 $g(t),f(t)$ 均可微,由一阶微分形式的不变性,有 $\mathrm{d}x=g'(t)\mathrm{d}t,\mathrm{d}y=f'(t)\mathrm{d}t.$ 故

$$y'_x=\frac{\mathrm{d}y}{\mathrm{d}x}=\frac{f'(t)\mathrm{d}t}{g'(t)\mathrm{d}t}=\frac{f'(t)}{g'(t)}[g'(t)\neq 0].$$

(5)利用微分求解隐函数导数:把方程中的两个变量看作相互独立的变量,在方程 $F(x,y)=0$ 两边同时求微分,利用一阶微分形式不变性得到一个关于 $\mathrm{d}x$ 与 $\mathrm{d}y$ 的方程,从而解出 $\dfrac{\mathrm{d}y}{\mathrm{d}x}$.

(6)微分在近似计算中应用:由微分的定义可知,当 $|\Delta x|$ 很小时,可以用 $\mathrm{d}y$ 近似替代 Δy,即 $\Delta y\approx\mathrm{d}y,f(x_0+\Delta x)-f(x_0)\approx f'(x_0)\Delta x$,即 $f(x_0+\Delta x)\approx f(x_0)+f'(x_0)\Delta x$.

近似公式常常用来求解函数在 x_0 点附近的近似值.

2.3.2 典型例题

例 2.3.1 求函数 $y=\sqrt{1+x^3}$ 当 $x=2$，$\Delta x=0.02$ 时的微分.

解 因为 $\mathrm{d}y=\left(\sqrt{1+x^3}\right)'\Delta x=\dfrac{3}{2}\dfrac{x^2}{\sqrt{1+x^3}}\Delta x$，$x=2$，$\Delta x=0.02$，所以

$$\mathrm{d}y\Big|_{\substack{x=2\\ \Delta x=0.02}}=\left(\frac{3}{2}\frac{x^2}{\sqrt{1+x^3}}\Delta x\right)\Bigg|_{\substack{x=2\\ \Delta x=0.02}}=\frac{3}{2}\cdot\frac{2^2}{\sqrt{1+2^3}}\cdot0.02=0.04.$$

例 2.3.2 求函数 $y=\ln\left(1+\mathrm{e}^{x^2}\right)$ 的微分.

解 $\mathrm{d}y=\mathrm{d}\left[\ln\left(1+\mathrm{e}^{x^2}\right)\right]=\dfrac{1}{1+\mathrm{e}^{x^2}}\mathrm{d}\left(1+\mathrm{e}^{x^2}\right)=\dfrac{1}{1+\mathrm{e}^{x^2}}\cdot\mathrm{e}^{x^2}\mathrm{d}\left(x^2\right)$

$\qquad=\dfrac{\mathrm{e}^{x^2}}{1+\mathrm{e}^{x^2}}\cdot2x\mathrm{d}x=\dfrac{2x\mathrm{e}^{x^2}}{1+\mathrm{e}^{x^2}}\mathrm{d}x.$

例 2.3.3 计算由参数方程

$$\begin{cases}x=a(t-\sin t)\\ y=a(1-\cos t)\end{cases}$$

确定的函数 $y=y(x)$ 的二阶导数.

解 $\dfrac{\mathrm{d}y}{\mathrm{d}x}=\dfrac{\frac{\mathrm{d}y}{\mathrm{d}t}}{\frac{\mathrm{d}x}{\mathrm{d}t}}=\dfrac{a\sin t}{a(1-\cos t)}=\dfrac{\sin t}{1-\cos t}=\cot\dfrac{t}{2}\ (t\neq2n\pi,n\in\mathbf{Z}).$

$\dfrac{\mathrm{d}^2y}{\mathrm{d}x^2}=\dfrac{\mathrm{d}}{\mathrm{d}t}\left(\cot\dfrac{t}{2}\right)\cdot\dfrac{1}{\frac{\mathrm{d}x}{\mathrm{d}t}}=-\dfrac{1}{2\sin^2\frac{t}{2}}\cdot\dfrac{1}{a(1-\cos t)}=-\dfrac{1}{a(1-\cos t)^2}\ (t\neq2n\pi,n\in\mathbf{Z})$

例 2.3.4 求由方程 $\mathrm{e}^y+xy-\mathrm{e}=0$ 所确定的隐函数 $y=f(x)$ 的导数 y'_x.

解 对方程两边同时求微分，得

$$\mathrm{d}(\mathrm{e}^y+xy-\mathrm{e})=\mathrm{d}(0).\ 即\ \mathrm{e}^y\mathrm{d}y+y\mathrm{d}x+x\mathrm{d}y-0=0.$$

于是

$$y'_x=-\frac{y}{x+\mathrm{e}^y}(x+\mathrm{e}^y\neq0).$$

例 2.3.5 有一批半径为 1 cm 的球，为了提高球面的光洁度，要镀上一层铜，厚度定为 0.01 cm.估计一下每只球需用铜多少克(铜的密度是 8.9 g/cm^3).

解 先求出镀层的体积，再乘以密度就得到每只球需用铜的质量.

因为镀层的体积等于两个球体体积之差，所以它就是球体体积 $V=\dfrac{4}{3}\pi R^3$ 当 R 自 R_0 取得增量 ΔR 时的增量 ΔV.我们求 V 对 R 的导数

$$V'\big|_{R=R_0}=\left(\frac{4}{3}\pi R^3\right)'\Big|_{R=R_0}=4\pi R_0^2,$$

由微分近似公式 $\Delta y\approx f'(x_0)\Delta x$ 可得

$$\Delta V\approx4\pi R_0^2\Delta R.$$

将 $R_0 = 1, \Delta R = 0.01$ 代入上式, 可得
$$\Delta V \approx 4 \times 3.14 \times 1 \times 0.01 \approx 0.13(\,\mathrm{cm}^3\,),$$
于是镀每只球需用的铜约为
$$0.13 \times 8.9 \approx 1.16(\,\mathrm{g}\,).$$

2.3.3　基础精练

精练 2.3.1　求函数 $y = \ln(x^2 + 1)$ 当 $x = 1, \Delta x = 0.1$ 时的微分.

精练 2.3.2　求下列函数的微分:

$(1)\,y = \arctan\sqrt{x}$;　　　　　　　　　$(2)\,y = \ln\sqrt{1 + x^2}$;

精练 2.3.3　求下列参数方程所确定函数的导数 $\dfrac{\mathrm{d}y}{\mathrm{d}x}$:

$(1)\begin{cases} x = t^2 + 1 \\ y = t^3 + 2t \end{cases};$　　　　　　　　　$(2)\begin{cases} x = \dfrac{1}{2t + 1} \\ y = \dfrac{1}{t^2 + 1} \end{cases}.$

精练 2.3.4　求下列方程确定的隐函数的导数 y':

$(1)\,y = \sin(x - y)$;　　　　　　　　　$(2)\,x^2 + xy = \cos(xy)$.

精练 2.3.5　某服装厂生产一批次服装, 假设能全部出售, 每天的收入 R 与日产量 x 的函数关系为 $R = \dfrac{x^2}{32} + 10x$. 如果服装厂将日产量从 500 增加到 510, 求其每天收入增加量的近似值.

2.3.4 真题演练

演练 2.3.1　设 $y=f(\sin x)$ 可微，则 $\mathrm{d}y=($ 　　 $)$.

A. $f'(\sin x)\sin x\mathrm{d}x$ 　　　　　　　　B. $f'(\sin x)\cos x\mathrm{d}x$

C. $f'(\sin x)\cos x$ 　　　　　　　　　　D. $f'(\sin x)\mathrm{d}x$

演练 2.3.2　设 $y=\sqrt{1-9x^2}\arcsin 3x$，则 $\mathrm{d}y=$ _____.

演练 2.3.3　已知 $\begin{cases} x=1+t^2 \\ y=\cos t \end{cases}$，求 $\dfrac{\mathrm{d}^2 y}{\mathrm{d}x^2}$.

演练 2.3.4　设函数 $y=y(x)$ 由方程 $\mathrm{e}^{x+2y}+\cos(xy)=2$ 所确定，求 $y'|_{x=0}$.

演练 2.3.5　设函数 $y=y(x)$ 由方程 $\mathrm{e}^{xy}=x-y$ 所确定，求 $y'|_{x=0}$.

第 3 章
导数的应用

[**考试大纲**]

1) 微分中值定理

(1) 理解罗尔中值定理、拉格朗日中值定理,了解它们的几何意义.

(2) 会用罗尔中值定理和拉格朗日中值定理进行证明.

2) **洛必达法则**

熟练掌握用洛必达法则求 $\dfrac{0}{0}$、$\dfrac{\infty}{\infty}$、$0 \cdot \infty$、$\infty - \infty$、1^{∞}、0^{0} 和 ∞^{0} 型等未定式的极限.

3) **导数的应用**

(1) 会用导数判定函数的单调性,掌握函数的单调区间的求法,会用函数的单调性证明不等式.

(2) 了解函数极值的概念,掌握函数的极值和最值的求法,会求实际问题的最值.

(3) 会判定曲线的凹凸性,会求曲线的凹凸区间和拐点.

(4) 会求曲线的水平渐近线与垂直渐近线(铅直渐近线).

[**知识结构框图**]

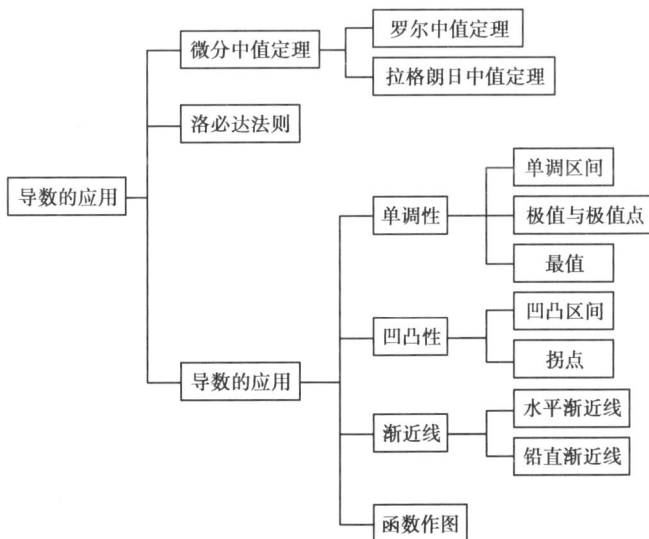

§3.1 微分中值定理与洛必达法则

3.1.1 重要概念、结论与方法

1) 微分中值定理

(1)罗尔中值定理:设 $f(x)$ 在闭区间 $[a,b]$ 上连续,在开区间 (a,b) 内可导,且 $f(a) = f(b)$.则至少存在一点 $\xi \in (a,b)$,使得 $f'(\xi) = 0$.

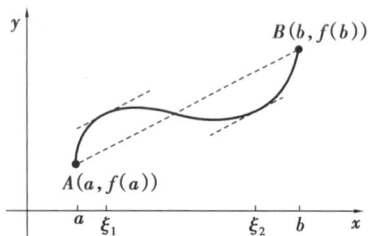

图 3.1.1

(2)拉格朗日中值定理:设 $f(x)$ 在闭区间 $[a,b]$ 上连续,在开区间 (a,b) 内可导,则至少存在一点 $\xi \in (a,b)$,使得

$$f'(\xi) = \frac{f(b) - f(a)}{b - a}$$

(3)柯西中值定理:设函数 $f(x)$ 和 $g(x)$ 在闭区间 $[a,b]$ 上连续,在开区间 (a,b) 内可导,且 $g'(x)$ 在 (a,b) 内的每一点处均不为零.则在 (a,b) 内至少存在一点 ξ,使得

$$\frac{f'(\xi)}{g'(\xi)} = \frac{f(b) - f(a)}{g(b) - g(a)}$$

2) 微分中值定理几何意义

(1)罗尔中值定理几何意义:如果连续曲线 $y=f(x)$ 除端点外每一点都存在切线,并且曲线的端点在同一水平线上,那么该曲线上某点处的切线与 x 轴平行.

(2)拉格朗日中值定理几何意义:如果连续曲线 $y=f(x)$ 在 $[a,b]$ 上除端点 A、B 外处处具有不垂直于 x 轴的切线,则在 (a,b) 内至少有一点 ξ,使得曲线在 $(\xi,f(\xi))$ 点处的切线与弦 AB 平行.

3) 洛必达法则

设函数 $f(x)$ 和 $g(x)$ 满足下列条件:

(1) $\lim\limits_{x \to x_0} f(x) = \lim\limits_{x \to x_0} g(x) = 0$;

(2)在点 x_0 的某邻域内可微,且 $g'(x) \neq 0$;

(3) $\lim\limits_{x \to x_0} \dfrac{f'(x)}{g'(x)} = A$(或 ∞).

则有

$$\lim_{x \to x_0} \frac{f(x)}{g(x)} = \lim_{x \to x_0} \frac{f'(x)}{g'(x)} = A(\text{或} \infty).$$

4) 重要结论与方法

(1)函数 $f(x)$ 在区间 I 上 $f'(x) \equiv 0$,那么在区间 I 上 $f(x) = C$(常数).

(2)函数 $y=f(x)$ 和 $y=g(x)$ 在区间 I 上恒有 $f'(x) = g'(x)$,那么在区间 I 上 $f(x) - g(x) = C$(常数).

（3）对于 $0 \cdot \infty$ 型,可将乘积化为商的形式,即化为 $\dfrac{0}{0}$ 或 $\dfrac{\infty}{\infty}$ 型的未定式来计算.

（4）对于 $\infty - \infty$ 型,可利用通分化为 $\dfrac{0}{0}$ 型的未定式来计算.

（5）对于 1^{∞}、0^0、∞^0 型,可利用公式 $f(x) = \mathrm{e}^{\ln f(x)}(f(x) > 0)$ 先将函数变形为指数函数,再利用洛必达法则计算其指数部分的极限,最后得到原函数的极限值.

3.1.2 典型例题

例 3.1.1 已知 $f(x)$ 在 $[0,1]$ 上连续,在 $(0,1)$ 内可导,且 $f(0) = 0$.证明:至少存在一点 $\xi \in (0,1)$,使得 $f(\xi) = f'(\xi)\tan(1-\xi)$.

证明 设 $F(x) = f(x)\sin(1-x)$,则 $F(x)$ 在 $[0,1]$ 上连续,在 $(0,1)$ 内可导,
$$F(0) = f(0)\sin 1 = 0, \quad F(1) = f(1)\sin 0 = 0.$$
所以 $F(0) = F(1)$,由罗尔中值定理知,至少存在一点 $\xi \in (0,1)$,使得
$$F'(\xi) = f'(\xi)\sin(1-\xi) - f(\xi)\cos(1-\xi) = 0,$$
即 $f(\xi) = f'(\xi)\tan(1-\xi)$.

例 3.1.2 设函数 $f(x) = x^2 + px + q$,有 $\xi \in (a,b)$ 满足 $[a,b]$ 上的拉格朗日中值定理,则 $\xi = \underline{\qquad\qquad}$.

解 由拉格朗日中值定理得
$$f'(\xi) = \frac{f(b) - f(a)}{b-a} = \frac{b^2 + pb + q - a^2 - pa - q}{b-a} = b + a + p,$$
即有 $2\xi + p = b + a + p$,故 $\xi = \dfrac{b+a}{2}$.

例 3.1.3 设 $f(x)$ 在 $[1,\mathrm{e}]$ 可导,且 $f(1) = 0$,$f(\mathrm{e}) = 1$.试证 $f'(x) = \dfrac{1}{x}$ 在 $(1,\mathrm{e})$ 至少有一个实根.

证明 设 $F(x) = f(x) - \ln x$,$F(1) = 0$,$F(\mathrm{e}) = 0$.由罗尔中值定理,至少存在一点 $\xi \in (1,\mathrm{e})$ 使 $F'(\xi) = 0$,即 $f'(\xi) - \dfrac{1}{\xi} = 0$.所以 $f'(x)$ 在 $(1,\mathrm{e})$ 内至少有一个实根.

例 3.1.4 求 $\lim\limits_{x \to +\infty} \dfrac{\ln\left(1+\dfrac{1}{x}\right)}{\operatorname{arccot} x}$.

解
$$\lim_{x \to +\infty} \frac{\ln\left(1+\dfrac{1}{x}\right)}{\operatorname{arccot} x} = \lim_{x \to +\infty} \frac{\dfrac{1}{x}}{\operatorname{arccot} x} = \lim_{x \to +\infty} \frac{-\dfrac{1}{x^2}}{-\dfrac{1}{1+x^2}} = \lim_{x \to +\infty} \frac{1+x^2}{x^2} = 1.$$

例 3.1.5 求 $\lim\limits_{x \to 0^+} x^n \ln x \, (n > 0)$.

解
$$\lim_{x \to 0^+} x^n \ln x = \lim_{x \to 0^+} \frac{\ln x}{x^{-n}} = \lim_{x \to 0^+} \frac{\dfrac{1}{x}}{-nx^{-n-1}} = \lim_{x \to 0^+} \frac{-x^n}{n} = 0.$$

3.1.3 基础精练

精练 3.1.1 验证函数 $f(x) = \sin 2x$ 在区间 $[0, \pi]$ 上满足罗尔中值定理.

精练 3.1.2 设函数 $f(x) = (x^2 - 1)(x^2 - 9)$. 不计算函数的导数 $f'(x)$, 说明 $f'(x) = 0$ 实根的个数及每个实根所在的区间.

精练 3.1.3 证明: 当 $x > 0$ 时, $\dfrac{x}{1+x} < \ln(1+x) < x$.

精练 3.1.4 计算下列函数极限:

(1) $\lim\limits_{x \to 0} \dfrac{\sin 4x}{5x}$;

(2) $\lim\limits_{x \to 0} \dfrac{e^x - 1}{\sin 2x}$;

(3) $\lim\limits_{x \to 0} x^2 e^{\frac{1}{x^2}}$;

(4) $\lim\limits_{x \to 0} \left(\dfrac{1}{x} - \dfrac{1}{e^x - 1} \right)$;

(5) $\lim\limits_{x \to 0^+} (\sin x)^{\tan x}$;

(6) $\lim\limits_{x \to +\infty} x^{\frac{1}{x}}$.

3.1.4 真题演练

演练 3.1.1 若 $f(x)$ 在 $[0,1]$ 上连续,在 $(0,1)$ 内可导,且 $f(0)=f(1)=0$, $f\left(\dfrac{1}{2}\right)=1$. 证明: 在 $(0,1)$ 内至少有一点 ξ 使 $f(\xi)=1$.

演练 3.1.2 设函数 $f(x)$ 在 $[1,2]$ 上连续,在 $(1,2)$ 内可导,且 $f(1)=4f(2)$,证明:存在 $\xi \in (1,2)$,使得 $2f(\xi)+\xi f'(\xi)=0$.

演练 3.1.3 对函数 $y=x^3+8$ 在区间 $[0,1]$ 上应用拉格朗日中值定理时,所得中间值 $\xi=$ _____.

演练 3.1.4 设 $0<a \leqslant b$,证明不等式 $\dfrac{b-a}{b} \leqslant \ln \dfrac{b}{a} \leqslant \dfrac{b-a}{a}$.

演练 3.1.5 求极限 $\lim\limits_{x \to 0} \dfrac{x-\tan x}{x^2(\mathrm{e}^x-1)}$.

演练 3.1.6 求极限 $\lim\limits_{x \to \infty} x^2\left(1-\cos\dfrac{1}{x}\right)$.

§3.2 函数的单调性、极值与最值

3.2.1 重要概念、结论与方法

1) 函数极值与最值的概念

(1) 设函数 $f(x)$ 在 x_0 的一个邻域内有定义,且除 x_0 点外,恒有 $f(x) < f(x_0)$ [或 $f(x) > f(x_0)$] 成立,则称 $f(x_0)$ 是函数 $f(x)$ 的一个极大值(或极小值),点 x_0 称为极大值点(或极小值点).函数的极大值点与极小值点统称为函数的极值点,函数的极大值与极小值统称为函数的极值.

(2) 如果 $f(x_0)$ 是函数 $f(x)$ 的最大(小)值,则称点 x_0 为函数的最大(小)值点.

2) 重要结论与方法

(1) 函数单调性的判定法:设函数 $y = f(x)$ 在 $[a,b]$ 上连续,在 (a,b) 内可导.

① 如果在 (a,b) 内 $f'(x) > 0$,那么函数 $y = f(x)$ 在 $[a,b]$ 上单调增加;

② 如果在 (a,b) 内 $f'(x) < 0$,那么函数 $y = f(x)$ 在 $[a,b]$ 上单调减少.

(2) 极值点的必要条件:如果函数 $f(x)$ 在 x_0 可微且取得极值,则 $f'(x_0) = 0$.

(3) 极值点第一充分条件:设函数 $f(x)$ 在点 x_0 的某一去心邻域内可导,且在点 x_0 连续.则

① 如果在点 x_0 的左邻域内有 $f'(x) > 0$,在点 x_0 的右邻域内有 $f'(x) < 0$,则 x_0 是 $f(x)$ 的极大值点;

② 如果在点 x_0 的左邻域内有 $f'(x) < 0$,在点 x_0 的右邻域内有 $f'(x) > 0$,则 x_0 是 $f(x)$ 的极小值点;

③ 如果在点 x_0 的去心邻域内 $f'(x)$ 恒为正或恒为负,则 x_0 不是 $f(x)$ 的极值点.

(4) 极值点第二充分条件:设 x_0 是函数 $f(x)$ 的驻点,且 $f''(x_0) \neq 0$,则

① 当 $f''(x_0) > 0$ 时,x_0 是 $f(x)$ 的极小值点;

② 当 $f''(x_0) < 0$ 时,x_0 是 $f(x)$ 的极大值点.

3.2.2 典型例题

例 3.2.1 证明:当 $x > 0$ 时,$\ln(1+x) > x - \dfrac{x^2}{2}$.

证明 设 $f(x) = \ln(1+x) - x + \dfrac{x^2}{2}$,则

$$f'(x) = \frac{1}{1+x} - 1 + x = \frac{x^2}{1+x} > 0, \quad (x > 0).$$

故当 $x > 0$ 时,$f(x)$ 单调递增,又 $f(0) = 0$,因此 $x > 0$ 时,$f(x) > f(0) = 0$.

即当 $x > 0$ 时,$\ln(1+x) > x - \dfrac{x^2}{2}$.

例 3.2.2 求函数 $f(x) = (x-4)\sqrt[3]{(x+1)^2}$ 的单调区间和极值.

解 函数定义域为 $(-\infty, +\infty)$,且

$$f'(x) = (x-4)'\sqrt[3]{(x+1)^2} + (x-4)\left(\sqrt[3]{(x+1)^2}\right)' = \frac{5(x-1)}{3\sqrt[3]{x+1}},$$

解方程 $f'(x)=0$ 得驻点为 $x_1=1$,同时得其不可导点为 $x_2=-1$.列表如下:

表 3.2.1

x	$(-\infty,-1)$	-1	$(-1,1)$	1	$(1,+\infty)$
$f'(x)$	+	不可导	−	0	+
$f(x)$	↗	极大值	↘	极小值	↗

得函数 $f(x)$ 的单调递增区间为 $(-\infty,-1)$ 和 $(1,+\infty)$,单调递减区间为 $(-1,1)$,极大值为 $f(-1)=0$,极小值为 $f(1)=3\sqrt[3]{4}$.

例 3.2.3 求函数 $f(x)=(x^2-1)^3+1$ 的极值.

解 函数定义域为 $(-\infty,+\infty)$,且

$$f'(x) = 3(x^2-1)^2 \cdot 2x = 6x(x^2-1)^2,$$

解方程 $f'(x)=0$ 得驻点为 $x_1=-1,x_2=0,x_3=1$.又

$$f''(x_0) = 6(x^2-1)(5x^2-1),$$

因 $f''(0)=6>0$,故 $f(x)$ 在 $x=0$ 处取得极小值,极小值为 $f(0)=0$.

因 $f''(-1)=f''(1)=0$,不能用第二充分条件判断,转用第一充分条件判断.当 $x \in (-\infty,-1) \cup (-1,0)$ 时,$f'(x)<0$;当 $x \in (0,1) \cup (1,+\infty)$ 时,$f'(x)>0$.因此,$f(-1)$,$f(1)$ 都不是极值.

例 3.2.4 设 $f(x)=ax^3-6ax^2+b$ 在区间 $[-1,2]$ 内的最大值为 2,最小值为 -29,又知 $a>0$,求 a,b 的值.

解 $f'(x)=3ax^2-12ax$,$f'(x)=0$,则 $x=0$ 或 $x=4$,而 $x=4$ 不在 $[-1,2]$ 内,故舍去.$f''(x)=6ax-12a$,$f''(0)=-12a$,因为 $a>0$,所以 $f''(0)<0$,所以 $x=0$ 是极大值点.

又因 $f(-1)=-a-6a+b=b-7a$,$f(0)=b$,$f(2)=8a-24a+b=b-16a$,因为 $a>0$,故当 $x=0$ 时,$f(x)$ 最大,即 $b=2$;

当 $x=2$ 时,$f(x)$ 最小,所以 $b-16a=-29$,即 $16a=2+29=31$,故 $a=\dfrac{31}{16}$.

例 3.2.5 假设某工厂生产某产品 x 千件的成本是 $C(x)=x^3-6x^2+15x$ 元,售出该产品 x 千件的收入是 $R(x)=9x$.问是否存在一个能取得最大利润的生产水平? 如果存在的话,找出这个生产水平?

解 由题意知,售出 x 千件产品的利润函数是

$$L(x) = R(x) - C(x) = x^3 - 6x^2 + 6x.$$

若利润函数 $L(x)$ 取得最大值,那么一定在驻点处取得.因此,令

$$L'(x) = 3x^2 - 12x + 6 = 0,$$

解得 $x_1=2-\sqrt{2}$,$x_2=2+\sqrt{2}$.又

$$L''(x) = 6x - 12,$$

可得 $L''(x_1)>0,L''(x_2)<0$.

故在 $x_2=2+\sqrt{2}$ 处达到最大利润.

3.2.3 基础精练

精练 3.2.1 讨论函数的单调性:

$(1) f(x) = 2x^3 - 9x^2 + 12x - 3$; $\qquad (2) f(x) = x - \ln(x+1)$.

精练 3.2.2 讨论函数的极值:

$(1) f(x) = x^3 + 3x^2 - 24x$; $\qquad (2) f(x) = \dfrac{\ln x}{\sqrt{x}}$.

精练 3.2.3 讨论函数的最值:

$(1) f(x) = x^3 - 3x + 3$ 在 $\left[-3, \dfrac{3}{2}\right]$ 上的最值;

$(2) f(x) = e^{-x}(x+1)$ 在 $[1,3]$ 上的最值.

精练 3.2.4 某工厂生产产品的成本函数为 $C(t) = -0.01t^2 + 250t + 5\,000$,$t$ 为产品数量,又有销售收入函数为 $R(t) = -0.02t^2 + 400t$.假设生产的产品都能销售出去,则应生产多少产品数量可以获得最大利润.

3.2.4 真题演练

演练 3.2.1 若函数 $f(x)$ 二阶可导,且在 $x = x_0$ 处取得极大值,则必有(　　).

A. $f'(x_0) = 0$ $\qquad\qquad$ B. $f''(x_0) < 0$

C. $f'(x_0) = 0$ 或 $f'(x_0)$ 不存在 $\qquad$ D. $f'(x_0) = 0$ 且 $f''(x_0) < 0$

演练 3.2.2 函数 $y = x^2 - 3x + 12$ 的单调递减区间是_____.

演练 3.2.3　已知函数 $f(x)=x^3+ax^2+bx$ 在 $x=1$ 处取得极小值 -2，求 a,b 的值.

演练 3.2.4　求函数 $y=x^4-8x^2+2(-1\leq x\leq 3)$ 的最大值、最小值.

演练 3.2.5　将边长为 a 的一块正方形铁皮的四角各截去一个大小相同的小正方形，然后将四边形折起做成一个无盖的方盒，问截掉的小正方形边长为多大时，所得方盒的容积最大？

§3.3　曲线的凹凸性与函数作图

3.3.1　重要概念、结论与方法

1) 函数凹凸性与拐点的概念

(1) 设函数 $f(x)$ 在区间 (a,b) 内可导. 如果曲线 $y=f(x)$ 上任意一点的切线都在曲线的上方，则称该曲线是凸的，并称区间 (a,b) 为该曲线的凸区间；如果曲线 $y=f(x)$ 上任意一点的切线都在曲线的下方，则称该曲线是凹的，并称区间 (a,b) 为该曲线的凹区间.

(2) 连续曲线 $y=f(x)$ 上凹区间与凸区间的分界点称为拐点.

2) 曲线渐近线的概念

(1) 水平渐近线：如果曲线 $y=f(x)$ 的定义域是无限区间，且有

$$\lim_{x\to-\infty}f(x)=A \quad 或 \quad \lim_{x\to+\infty}f(x)=A,$$

则直线 $y=A$ 为曲线 $y=f(x)$ 的渐近线，称为水平渐近线，如图 3.3.1 所示.

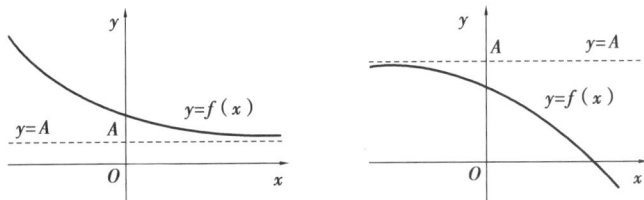

图 3.3.1

（2）铅直渐近线：如果曲线 $y=f(x)$ 有

$$\lim_{x \to c^-} f(x) = \infty \quad \text{或} \quad \lim_{x \to c^+} f(x) = \infty,$$

则直线 $x=C$ 称为曲线 $y=f(x)$ 的渐近线，称为铅垂渐近线（或称垂直渐近线），如图 3.3.2 所示.

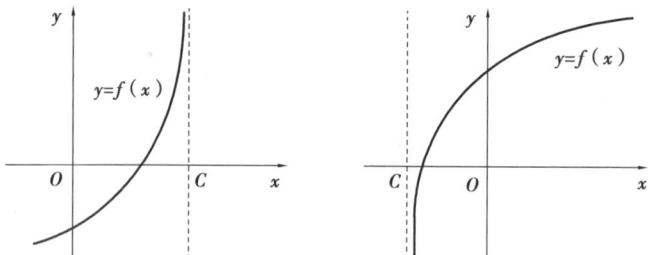

图 3.3.2

3）重要结论与方法

设函数 $f(x)$ 在区间 (a,b) 内二阶可导，那么在区间 (a,b) 内：

①若 $f''(x)>0$，则曲线 $y=f(x)$ 在 (a,b) 内是凹的；

②若 $f''(x)<0$，则曲线 $y=f(x)$ 在 (a,b) 内是凸的.

3.3.2 典型例题

例 3.3.1 求曲线 $y=\ln(1+x^2)$ 的凹凸区间及拐点.

解 定义域为 $(-\infty, +\infty)$，求导得

$$y' = \frac{2x}{1+x^2}, y'' = \frac{2(1-x^2)}{(1+x^2)^2}.$$

令 $y''=0$，得 $x_1=-1, x_2=1$.列表讨论如下：

表 3.3.1

x	$(-\infty,-1)$	-1	$(-1,1)$	1	$(1,+\infty)$
$f''(x)$	$-$	0	$+$	0	$-$
$f(x)$	凸	拐点$(-1,\ln 2)$	凹	拐点$(1,\ln 2)$	凸

所以，曲线的凸区间为 $(-\infty,-1]$ 和 $[1,+\infty)$；凹区间为 $[-1,1]$；拐点为 $(-1,\ln 2)$ 和 $(1,\ln 2)$.

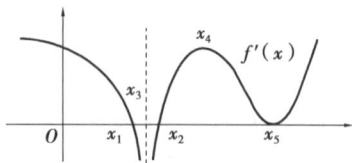

图 3.3.3

例 3.3.2 函数 $f(x)$ 在 **R** 内连续，其导数如图 3.3.3 所示，则 $f(x)$ 在 **R** 内有 _____ 个极值点，有 _____ 个拐点.

解 极值点为一阶导符号发生变化的点，图像为导数图，故有 x_1 和 x_2 两点.

拐点为二阶导符号发生变化的点.在 x_3 处，左侧一阶导不断减小，二阶导为负数，右侧一阶导不断增加，二阶导为正，故 x_3 为拐点，同理可得 x_4 与 x_5 也为拐点.

综上，$f(x)$ 在 **R** 内有 x_1 和 x_2 共 2 个极值点，有 x_3、x_4 与 x_5 共 3 个拐点.

例 3.3.3　设函数 $y = a\ln x + bx^2 + 5x$ 在 $x = 1$ 处取极值且 $x = \dfrac{1}{2}$ 为其拐点横坐标,求 a、b 的值.

解　求导得 $y' = \dfrac{a}{x} + 2bx + 5$,$y'' = -\dfrac{a}{x^2} + 2b$,由已知条件可知 $y'(1) = a + 2b + 5 = 0$,$y''\left(\dfrac{1}{2}\right) = -4a + 2b = 0$,联立解得 $a = -1$,$b = -2$.

例 3.3.4　求曲线 $y = \dfrac{1}{x^2 - 4x - 5}$ 的渐近线.

解　$\displaystyle\lim_{x\to\infty} \dfrac{1}{x^2 - 4x - 5} = 0$,故有水平渐近线 $y = 0$;

又 $\dfrac{1}{x^2 - 4x - 5} = \dfrac{1}{(x-5)(x+1)}$,因此 $\displaystyle\lim_{x\to 5} \dfrac{1}{x^2 - 4x - 5} = \infty$,$\displaystyle\lim_{x\to -1} \dfrac{1}{x^2 - 4x - 5} = \infty$,故曲线有铅直渐近线 $x = 5$,$x = -1$.

例 3.3.5　(作图)描绘函数 $y = \dfrac{1}{1 + x^2}$ 的图形.

解　(1)函数定义域为 $(-\infty, +\infty)$,偶函数,图形关于 y 轴对称;只需考察 $(0, +\infty)$,由于 $\displaystyle\lim_{x\to\infty} \dfrac{1}{1 + x^2} = 0$,有水平渐近线.

(2)$y' = \dfrac{-2x}{(1 + x^2)^2}$,$y'' = \dfrac{-2(1 + x^2)^2 - (-2x) \cdot 2(1 + x^2) \cdot 2x}{(1 + x^2)^4} = \dfrac{6x^2 - 2}{(1 + x^2)^3}$.

令 $y' = 0$,得 $x = 0$;令 $y'' = 0$,得 $x = \pm\dfrac{1}{\sqrt{3}}$.

(3)图形在 $(0, +\infty)$ 上单调减少,在 $(-\infty, 0)$ 上单调增加;$x = 0$ 时,函数取得最大值 $y = 1$.

(4)在 $\left(-\dfrac{1}{\sqrt{3}}, \dfrac{1}{\sqrt{3}}\right)$ 上,$y'' < 0$,曲线是凸的;在 $\left(-\infty, -\dfrac{1}{\sqrt{3}}\right)$ 或 $\left(\dfrac{1}{\sqrt{3}}, +\infty\right)$ 上,$y'' > 0$,曲线是凹的;$\left(\pm\dfrac{1}{\sqrt{3}}, \dfrac{3}{4}\right)$ 是曲线的拐点.

(5)作图如图 3.3.4 所示.

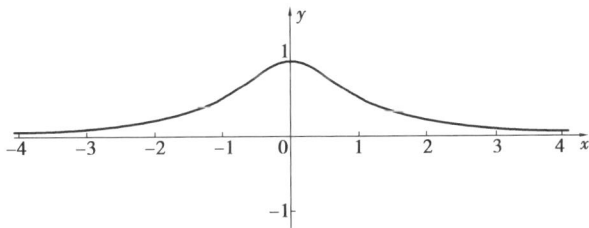

图 3.3.4

3.3.3　基础精练

精练 3.3.1　确定下列曲线的凹凸性及拐点:

（1）$y=2x^3+3x^2-12x+14$；　　　　　　（2）$y=x+\dfrac{x}{x-1}$；

（3）$y=\sqrt[3]{x-1}+1$；　　　　　　　　（4）$y=x^3-5x^2+3x+5$.

精练 3.3.2　已知曲线 $y=x^3+ax^2-9x+4$ 有拐点，其横坐标为 $x=1$，试确定系数 a.

精练 3.3.3　设三次曲线 $y=x^3+3ax^2+3bx+c$ 在 $x=-1$ 处有极大值，点 $(0,3)$ 是拐点，试确定 a,b,c 的值.

精练 3.3.4　确定下列曲线的水平渐近线和垂直渐近线：
（1）$y=\dfrac{x-1}{x^2-1}$；　　　　　　（2）$y=\dfrac{\sin x}{x(x-1)}$.

精练 3.3.5　描绘下列函数的图形：
（1）$y=x^3+3x^2+1$；　　　　　　（2）$y=\ln(x^2+1)$.

3.3.4　真题演练

演练 3.3.1　判断正误：点 $(0,0)$ 是曲线 $y=\sin x$ 的拐点.（　　）

演练 3.3.2　函数 $y=x^3+x-8$ 的拐点是_____.

演练 3.3.3　设 $y = x^3 + ax^2 + bx$ 在 $x = 1$ 处极值为 -2,求所有极值点和拐点.

演练 3.3.4　求曲线 $f(x) = \dfrac{x^2 - 2x - 3}{x + 1}$ 的渐近线.

演练 3.3.5　求曲线 $f(x) = x \ln\left(2 + \dfrac{1}{x}\right)$ 的渐近线.

第 4 章
一元函数积分学

1）不定积分

（1）理解原函数与不定积分的概念，掌握不定积分的性质；

（2）熟练掌握基本积分公式；

（3）熟练掌握不定积分第一换元法，掌握不定积分第二换元法；

（4）熟练掌握不定积分的分部积分法；

（5）会求有理函数的不定积分.

2）定积分

（1）了解定积分的概念，理解定积分的几何意义，了解函数可积的条件；

（2）掌握定积分的基本性质；

（3）理解变限积分函数的概念，熟练掌握变限积分函数的导数；

（4）熟练掌握牛顿-莱布尼茨公式；

（5）熟练掌握定积分的换元积分法与分部积分法，会证明积分等式；

（6）了解无穷区间广义积分的概念，掌握其计算方法；

（7）掌握直角坐标系下用定积分计算平面图形面积的方法，会求平面图形绕坐标轴旋转所生成的旋转体体积.

[知识结构框图]

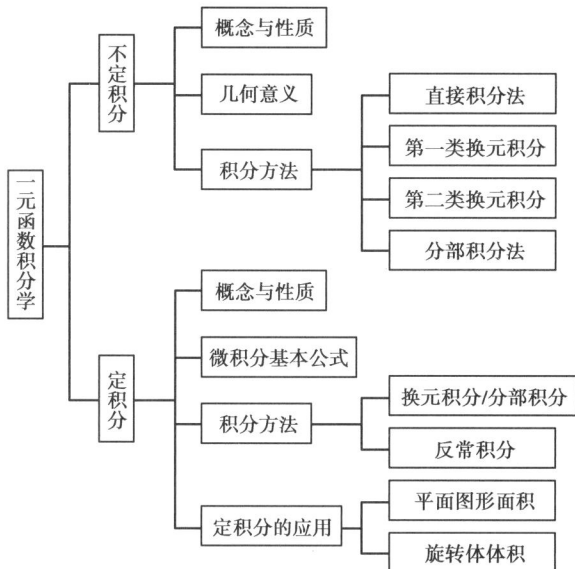

§4.1　不定积分的概念与性质

4.1.1　重要概念、结论与方法

1)不定积分基本概念

(1)如果在区间上,可导函数 $F(x)$ 的导函数为 $f(x)$,即对该区间上的每一个点都满足 $F'(x)=f(x)$,则称函数 $F(x)$ 是 $f(x)$ 在该区间上的一个原函数.

(2)如果 $F(x)$ 是函数 $f(x)$ 在某区间上的一个原函数,则 $F(x)+C$(C 为任意常数)是 $f(x)$ 在该区间上的全体原函数.

(3)若 $F(x)$ 是 $f(x)$ 在该区间上的一个原函数,则 $F(x)+C$(C 为任意常数)称为 $f(x)$ 在该区间上的不定积分,记作 $\int f(x)\mathrm{d}x$.即

$$\int f(x)\mathrm{d}x = F(x) + C. \quad (C \text{ 为任意常数})$$

2)重要基本积公式

(1) $\int k\mathrm{d}x = kx + C(k \text{ 为常数})$　　(2) $\int x^{\alpha}\mathrm{d}x = \dfrac{1}{\alpha+1}x^{\alpha+1} + C(\alpha \neq -1)$

(3) $\int \dfrac{1}{x}\mathrm{d}x = \ln|x| + C$　　(4) $\int a^{x}\mathrm{d}x = \dfrac{1}{\ln a}a^{x} + C$

(5) $\int \mathrm{e}^{x}\mathrm{d}x = \mathrm{e}^{x} + C$　　(6) $\int \sin x\mathrm{d}x = -\cos x + C$

(7) $\int \cos x\mathrm{d}x = \sin x + C$　　(8) $\int \sec^{2}x\mathrm{d}x = \tan x + C$

(9) $\int \csc^2 x \, dx = -\cot x + C$ (10) $\int \sec x \cdot \tan x \, dx = \sec x + C$

(11) $\int \csc x \cdot \cot x \, dx = -\csc x + C$ (12) $\int \dfrac{1}{\sqrt{1-x^2}} \, dx = \arcsin x + C$

(13) $\int \dfrac{1}{1+x^2} \, dx = \arctan x + C$

3) 不定积分的基本性质

设下列函数的不定积分均存在,则有如下性质:

性质1 两个函数代数和的不定积分,等于它们不定积分的代数和,即

$$\int [f(x) \pm g(x)] \, dx = \int f(x) \, dx \pm \int g(x) \, dx.$$

此性质可推广到有限个函数的代数和的情形.

性质2 被积函数中不为零的常数因子可以移到积分号前面,即

$$\int k f(x) \, dx = k \int f(x) \, dx \, (k \neq 0).$$

性质3 不定积分与导数(或微分)互为逆运算,即

$$\left[\int f(x) \, dx \right]' = f(x) \ \text{或} \ d \int f(x) \, dx = f(x) \, dx;$$

$$\int F'(x) \, dx = F(x) + C \ \text{或} \int dF(x) = F(x) + C.$$

4.1.2 典型例题

例 4.1.1 求 $\int x \sqrt{x} \, dx$.

解 $I = \int x^{\frac{3}{2}} \, dx = \dfrac{1}{1 + \dfrac{3}{2}} x^{1 + \frac{3}{2}} + C = \dfrac{2}{5} x^{\frac{5}{2}} + C.$

例 4.1.2 求 $\int \dfrac{1 - t^2}{t} \, dt$.

解 $I = \int \left(\dfrac{1}{t} - t \right) \, dt = \ln |t| - \dfrac{1}{2} t^2 + C.$

例 4.1.3 求 $\int \cos^2 \dfrac{x}{2} \, dx$.

解 $I = \dfrac{1}{2} \int (\cos x + 1) \, dx = \dfrac{1}{2} (\sin x + x) + C.$

例 4.1.4 求 $\int \dfrac{-2}{\sqrt{1-x^2}} \, dx$.

解 $I = -2 \int \dfrac{1}{\sqrt{1-x^2}} \, dx = -2 \arcsin x + C.$

4.1.3　基础精练

精练 4.1.1　求下列不定积分:

$(1) \int \dfrac{x^2 + 6x + 8}{x + 4}dx$;　　　　　$(2) \int \sqrt[m]{x^n}\,dx$;　　　　　$(3) \int (x^2 + 1)^2 dx$;

$(4) \int \dfrac{(1 - x)^2}{\sqrt{x}}dx$;　　　　　$(5) \int \dfrac{1}{\sqrt{2gh}}dh$;　　　　　$(6) \int a^x e^x dx$.

精练 4.1.2　求下列不定积分:

$(1) \int \sec x(\sec x - \tan x)dx$;　　$(2) \int \left(\sin \dfrac{\theta}{2} + \cos \dfrac{\theta}{2} \right)^2 d\theta$.

精练 4.1.3　已知曲线上任意一点的切线斜率为切点横坐标的导数,求满足上述条件的所有曲线方程,并求出过点$(e^3, 5)$的曲线方程.

4.1.4　真题演练

演练 4.1.1　已知函数$f(x)$为可导函数,且$F(x)$为$f(x)$的一个原函数,则下列关系式不成立的是(　　).

A. $d\left[\int f(x)dx \right] = f(x)dx$　　　　　B. $\left(\int f(x)dx \right)' = f(x)$

C. $\int F'(x)dx = F(x) + C$　　　　　D. $\int f'(x)dx = F(x) + C$

演练 4.1.2　若$\int f'(x^3)dx = x^3 + C$,则$f(x) = ($　　$)$.

A.$x + C$　　　　　B.$x^3 + C$　　　　　C.$\dfrac{9}{5}x^{\frac{5}{3}} + C$　　　　　D.$\dfrac{6}{5}x^{\frac{5}{3}} + C$

演练 4.1.3 若 $f(x)$ 的导函数是 $\sin x$，则函数 $f(x)$ 有一个原函数是(　　　　).

A. $1+\sin x$ B. $1-\sin x$ C. $1+\cos x$ D. $1-\cos x$

演练 4.1.4 经过点 $(1,0)$ 且在其上任一点 x 处的切线斜率为 $3x^2$ 的曲线方程是(　　　　).

A. $y=x^3-1$ B. $y=x^2-1$ C. $y=x^3+1$ D. $y=x^3+C$

§4.2　不定积分的积分方法

4.2.1　重要概念、结论与方法

1）第一类换元积分公式

设 $\int f(x)\mathrm{d}x = F(x) + C$，且 $u=\varphi(x)$ 可导，则

$$\int f[\varphi(x)]\varphi'(x)\mathrm{d}x = \int f[\varphi(x)]\mathrm{d}\varphi(x) = F[\varphi(x)] + C.$$

2）第一类换元积分换元类型

（1）$\mathrm{d}x = \dfrac{1}{a}\mathrm{d}(ax+b)$ 　a、b 为常数，且 $a\neq 0$.

（2）$x^a\mathrm{d}x = \dfrac{1}{a+1}\mathrm{d}x^{a+1}$ 　a 为常数，且 $a\neq -1$.

（3）$\cos x\mathrm{d}x = \mathrm{d}\sin x, \sin x\mathrm{d}x = -\mathrm{d}\cos x, \mathrm{e}^x\mathrm{d}x = \mathrm{d}\mathrm{e}^x, \dfrac{1}{x}\mathrm{d}x = \mathrm{d}\ln x,$

$\quad \sec^2 x\mathrm{d}x = \mathrm{d}\tan x, \sec x \tan x\mathrm{d}x = \mathrm{d}\sec x, \dfrac{1}{1+x^2}\mathrm{d}x = \mathrm{d}\arctan x,$

（4）$\int \dfrac{f'}{f}\mathrm{d}x$ 类型.

3）第二换元积分法的一般过程

$$\int f(x)\mathrm{d}x \xated{\令 x = \varphi(t)} \int f[\varphi(t)]\varphi'(t)\mathrm{d}t \xated{\text{对变量 } t \text{ 积分}} F(t) + C \xated{\substack{\text{变量还原}\\ t = \varphi^{-1}(x)}} F[\varphi^{-1}(x)] + C.$$

4）第二类换元积分换元类型

（1）常用的根式换元有：

在 $\int f(\sqrt{ax+b})\mathrm{d}x$ 中，令 $\sqrt{ax+b}=t$.

在 $\int f(\sqrt[m]{ax+b},\sqrt[n]{ax+b})\mathrm{d}x$ 中，令 $\sqrt[k]{ax+b}=t$，其中 k 是 m,n 的最小公倍数.

（2）三角换元法，常用的三角换元有：

在 $\int f(\sqrt{a^2-x^2})\mathrm{d}x$ 中，令 $x=a\sin t$.

在 $\int f(\sqrt{a^2+x^2})\mathrm{d}x$ 中，令 $x=a\tan t$.

在 $\int f(\sqrt{x^2-a^2})\mathrm{d}x$ 中，令 $x=a\sec t$.

5) 分部积分公式

$$\int u dv = uv - \int v du.$$

用分部积分法求两个函数乘积的不定积分,我们可以归纳如下:

(1)当被积函数是幂函数与指数函数(或正、余弦函数)的乘积时,一般设幂函数为 u,被积函表达式的其余部分为 dv;

(2)当被积函数是幂函数与对数函数(或反三角函数)的乘积时,一般设对数函数(或反三角函数)为 u,被积函表达式的其余部分为 dv;

(3)当被积函数是指数函数与正(余)弦函数的乘积时,要积分两次,最后类似解方程一样求出结果.这种情况下 u,dv 的选取比较灵活.

4.2.2 典型例题

例 4.2.1 求 $\int \sqrt{3x+1} dx$.

解 令 $u = 3x+1, n = \dfrac{1}{3}, du = \dfrac{du}{dx} dx = 3dx$,则

$$\int \sqrt{3x+1} dx = \frac{1}{3} \int \sqrt{3x+1} \cdot 3dx$$

$$= \frac{1}{3} \int u^{1/2} du = \frac{1}{3} \frac{u^{3/2}}{3/2} + C = \frac{2}{9} (2x+1)^{3/2} + C.$$

例 4.2.2 求 $\int (x^3 + x)^5 (3x^2 + 1) dx$.

解 令 $u = x^3 + x, du = \dfrac{du}{dx} dx = (3x^2+1) dx$,则

$$\int (x^3 + x)^5 (3x^2 + 1) dx = \int u^5 du$$

$$= \frac{u^6}{6} = \frac{(x^3 + x)^6}{6} + C.$$

例 4.2.3 求 $\int \dfrac{dx}{e^x + e^{-x}}$.

解 $I = \int \dfrac{e^x dx}{e^{2x} + 1} = \int \dfrac{du}{u^2 + 1} = \arctan u + C = \arctan(e^x) + C.$

例 4.2.4 求 $\int \dfrac{\sin(2t+1)}{\cos^2(2t+1)} dt$.

解

$$I = \frac{1}{2} \int \frac{\sin(2t+1)}{\cos^2(2t+1)} d(2t+1) = -\frac{1}{2} \int \frac{d \sin(2t+1)}{\cos^2(2t+1)}$$

$$= \frac{1}{2} \cos^{-2+1}(2t+1) + 1 = \frac{1}{2} \sec(2t+1) + C.$$

例 4.2.5 求 $\int \dfrac{\mathrm{d}x}{\sqrt{8x - x^2}}$.

解 首先将分母进行配方

$$6x - x^2 = -(x^2 - 6x) = -(x^2 - 6x + 9 - 9)$$
$$= -(x^2 - 6x + 9) + 9 = 9 - (x - 3)^2,$$

因此可以得

$$I = \int \dfrac{\mathrm{d}x}{\sqrt{16 - (x - 4)^2}} \xrightarrow{\;\;\text{令}\;a = 4, u = x - 4\;\;} \int \dfrac{\mathrm{d}u}{\sqrt{a^2 - u^2}}$$

$$= \arcsin\left(\dfrac{u}{a}\right) + C$$

$$= \arcsin\left(\dfrac{x - 4}{4}\right) + C.$$

例 4.2.6 求 $\int \dfrac{\mathrm{d}x}{(1 + x)\sqrt{x}}$.

解 令 $\sqrt{x} = t, x = t^2, \mathrm{d}x = 2t\mathrm{d}t$ ，则

$$I = \int \dfrac{2t\mathrm{d}t}{(1 + t^2)t} = \int \dfrac{2\mathrm{d}t}{1 + t^2} = 2\arctan t + C = 2\arctan\sqrt{x} + C.$$

例 4.2.7 求 $\int x\sin\dfrac{x}{2}\mathrm{d}x$.

解 令 $\dfrac{x}{2} = t, x = 2t, \mathrm{d}x = 2t\mathrm{d}t$ ，则

$$I = \int 2t\sin t 2\mathrm{d}t = 4\int t\sin t\mathrm{d}t = -4\int t\mathrm{d}\cos t$$

$$= -4\left(t\cos t - \int \cos t\mathrm{d}t\right) = -4(t\cos t - \sin t) + C$$

$$= 4\sin t - 4t\cos t + C$$

$$= 4\sin\dfrac{x}{2} - 2x\cos\dfrac{x}{2} + C.$$

例 4.2.8 求 $\int \arcsin y\mathrm{d}y$.

解

$$I = y\arcsin y - \int y\mathrm{d}\arcsin y = y\arcsin y - \int y\dfrac{1}{\sqrt{1 - y^2}}\mathrm{d}y$$

$$= y\arcsin y + \dfrac{1}{2}\int \dfrac{\mathrm{d}1 - y^2}{\sqrt{1 - y^2}} = y\arcsin y + \sqrt{1 - y^2} + C.$$

例 4.2.9 求 $\int \dfrac{3x^2 - 7x}{3x + 2}\mathrm{d}x$.

解 因为 $\dfrac{3x^2 - 7x}{3x + 2} = x - 3 + \dfrac{6}{3x + 2}$ ，

故 $I = \int \left(x - 3 + \dfrac{6}{3x + 2} \right) \mathrm{d}x = \dfrac{x^2}{2} - 3x + 2 \ln|3x + 2| + C$.

例 4.2.10　求 $\int \dfrac{x^2 + 4x + 1}{(x - 1)(x + 1)(x + 3)} \mathrm{d}x$.

解　因为 $\dfrac{x^2 + 4x + 1}{(x-1)(x+1)(x+3)} = \dfrac{A}{x-1} + \dfrac{B}{x+1} + \dfrac{C}{x+3}$，则

$$x^2 + 4x + 1 = A(x + 1)(x + 3) + B(x - 1)(x + 3) + C(x - 1)(x + 1)$$
$$= A(x^2 + 4x + 3) + B(x^2 + 2x - 3) + C(x^2 - 1)$$
$$= (A + B + C)x^2 + (4A + 2B)x + (3A - 3B - C).$$

x^2 的系数：$A + B + C = 1$；x^1 的系数：$4A + 2B = 4$；x^0 的系数：$3A - 3B - C = 1$

故

$$I = \int \left[\dfrac{3}{4} \dfrac{1}{x - 1} + \dfrac{1}{2} \dfrac{1}{x + 1} - \dfrac{1}{4} \dfrac{1}{x + 3} \right] \mathrm{d}x$$
$$= \dfrac{3}{4} \ln|x - 1| + \dfrac{1}{2} \ln|x + 1| - \dfrac{1}{4} \ln|x + 3| + C_1 [C_1 \text{ 为任意常数}].$$

4.2.3　基础精练

精练 4.2.1　计算下列积分：

(1) $\int \mathrm{e}^{5t} \mathrm{d}t$；

(2) $\int (1 - 2x)^5 \mathrm{d}x$；

(3) $\int \dfrac{x + 4}{x^2 + 5x - 6} \mathrm{d}x$；

(4) $\int \dfrac{\mathrm{d}x}{x^2 + 2x}$；

(5) $\int \sin^2(2x + 1) \mathrm{d}x$；

(6) $\int \cos^4 x \mathrm{d}x$；

(7) $\int \dfrac{\arctan \sqrt{x}}{\sqrt{x}(1 + x)} \mathrm{d}x$；

(8) $\int \dfrac{\mathrm{d}x}{1 + \sqrt[3]{x}}$.

精练 4.2.2　计算下列积分：

（1）$\displaystyle\int\frac{x^2\mathrm{d}x}{\sqrt{a^2-x^2}}$ ；

（2）$\displaystyle\int\frac{2x-1}{\sqrt{9x^2-4}}\mathrm{d}x$ ；

（3）$\displaystyle\int\frac{\sqrt{1+x}}{1+\sqrt{1+x}}\mathrm{d}x$ ；

（4）$\displaystyle\int\frac{1}{\mathrm{e}^x+\mathrm{e}^{-x}}\mathrm{d}x$ ；

（5）$\displaystyle\int\frac{\mathrm{d}x}{1+\sqrt{1-x^2}}$ ；

（6）$\displaystyle\int\frac{x^2}{5+x^3}\mathrm{d}x$ ；

（7）$\displaystyle\int x^2\mathrm{e}^{-x}\mathrm{d}x$ ；

（8）$\displaystyle\int 4x\sec^2 2x\mathrm{d}x$.

精练 4.2.3　计算下列积分：

（1）$\displaystyle\int\arctan y\mathrm{d}y$ ；

（2）$\displaystyle\int x(\ln x)^2\mathrm{d}x$ ；

（3）$\displaystyle\int\mathrm{e}^{-y}\cos y\mathrm{d}y$ ；

（4）$\displaystyle\int\sqrt{x}\ln x\mathrm{d}x$.

4.2.4　真题演练

演练 4.2.1　$\displaystyle\int xf(x^2)f'(x^2)\mathrm{d}x=$（　　　）.

A. $\dfrac{1}{4}f^2(x^2)+C$　　　　B. $\dfrac{1}{2}f^2(x^2)+C$　　　　C. $\dfrac{1}{4}f(x^2)+C$　　　　D. $4f^2(x^2)+C$

演练 4.2.2 设 $F(x)$ 是 $f(x)$ 的一个原函数,则 $\int \cos x f(\sin x)\mathrm{d}x = ($ $)$.

A. $F(\cos x) + C$ 　　　　　　　　　B. $F(\sin x) + C$

C. $-F(\cos x) + C$ 　　　　　　　　D. $-F(\sin x) + C$

演练 4.2.3 求下列不定积分:

(1) $\displaystyle\int \frac{(1 + \ln x)^{2013}}{x}\mathrm{d}x$;　　　　　(2) $\displaystyle\int \frac{1}{x^2 - 4}\mathrm{d}x$;　　　　　(3) $\displaystyle\int \left(\frac{\sec x}{1 + \tan x}\right)^2\mathrm{d}x$;

(4) $\displaystyle\int \frac{1}{x^2 + 2x + 5}\mathrm{d}x$;　　　　(5) $\displaystyle\int \frac{x^2}{1 + x^2}\mathrm{d}x$;　　　　(6) $\displaystyle\int (\tan \theta + \cot \theta)^2\mathrm{d}\theta$;

(7) $\displaystyle\int x^2 \cos x\mathrm{d}x$;　　　　　(8) $\displaystyle\int \frac{\arcsin \sqrt{x}}{\sqrt{1 - x}}\mathrm{d}x$;　　　　(9) $\displaystyle\int \ln(1 + x^2)\mathrm{d}x$.

§4.3　定积分的概念与性质

4.3.1　重要概念、结论与方法

1) 定积分的概念

如果函数 $f(x)$ 在区间 $[a, b]$ 上有定义,任取分点 $a = x_0 < x_1 < x_2 < \cdots < x_{n-1} < x_n = b$ 将区间 $[a, b]$ 分成 n 个小区间 $[x_{i-1}, x_i]$ $(i = 1, 2, \cdots, n)$. 记 $\Delta x_i = x_i - x_{i-1}$, $\lambda = \max\limits_{1 \leqslant i \leqslant n}\{\Delta x_i\}$. 再在每个小区间 $[x_{i-1}, x_i]$ 上任取一点 ξ_i, 作和 $S_n = \sum\limits_{i=1}^{n} f(\xi_i)\Delta x_i$.

如果 $\lambda \to 0$ 时, S_n 的极限存在,且该极限值不依赖于区间 $[a, b]$ 的分法,也不依赖于点 ξ_i 的取法,则称此极限值为函数 $f(x)$ 在区间 $[a, b]$ 上的定积分,记作 $\displaystyle\int_a^b f(x)\mathrm{d}x$,即

$$\int_a^b f(x)\mathrm{d}x = \lim_{\Delta x \to 0} \sum_{i=1}^{n} f(\xi_i)\Delta x_i.$$

其中, $f(x)$ 称为被积函数, $f(x)dx$ 称为被积表达式, x 称为积分变量, $[a,b]$ 称为积分区间, a, b 分别称为积分下限和积分上限.

2) 定积分的几何意义

(1) 若在区间 $[a,b]$ 上函数 $f(x) \geq 0$, 则 $\int_a^b f(x)dx$ 等于以 $f(x)$ 为曲边、$[a,b]$ 为底的曲边梯形面积 S.

(2) 若在区间 $[a,b]$ 上函数 $f(x) \leq 0$, 则 $\int_a^b f(x)dx$ 等于以 $f(x)$ 为曲边、$[a,b]$ 为底的曲边梯形面积 S 的相反数.

(3) 若在区间 $[a,b]$ 上函数 $f(x)$ 的值有正也有负, 则 $\int_a^b f(x)dx$ 的值等于以曲线 $f(x)$ 与直线 $x=a$, $x=b$ 及 x 轴围成的几个小曲边梯形面积的代数和.

3) 定积分的性质

性质 1　$\int_a^b dx = \int_a^b 1dx = b-a$.

性质 2　$\int_a^b kf(x)dx = k\int_a^b f(x)dx$ (k 为常数).

性质 3　$\int_a^b [f(x) \pm g(x)]dx = \int_a^b f(x)dx \pm \int_a^b g(x)dx$.

性质 4(积分区间的可加性)　对任意三个实数 a,b,c, 恒有
$$\int_a^b f(x)dx = \int_a^c f(x)dx + \int_c^b f(x)dx.$$

性质 5(比较定理)　若在 $[a,b]$ 上 $f(x) \leq g(x)$, 则 $\int_a^b f(x)dx \leq \int_a^b g(x)dx$.

性质 6(估值定理)　若 $f(x)$ 在 $[a,b]$ 上连续, 且最大值为 M, 最小值为 m, 则一定有 $m(b-a) \leq \int_a^b f(x)dx \leq M(b-a)$.

性质 7(积分中值定理)　如果函数 $f(x)$ 在闭区间 $[a,b]$ 上连续, 则在 (a,b) 内至少存在一点 ξ, 使得 $\int_a^b f(x)dx = f(\xi)(b-a)$.

通常称 $\dfrac{1}{b-a}\int_a^b f(x)dx$ 为连续函数 $f(x)$ 在区间 $[a,b]$ 上的平均值, $m(b-a) \leq \int_a^b f(x)dx \leq M(b-a)$.

4) 重要结论与方法

利用定积分求数列前 n 项和的极限:

(1) $\int_a^b f(x)dx = \lim\limits_{n\to\infty} \sum\limits_{i=1}^n f\left[a+i\dfrac{b-a}{n}\right]\dfrac{b-a}{n}$ (n 等分区间 $[a,b]$; 特取 $\xi_i = a+i\dfrac{b-a}{n}$).

(2) $\int_0^1 f(x)dx = \lim\limits_{n\to\infty} \sum\limits_{i=1}^n f\left(\dfrac{i}{n}\right)\dfrac{1}{n}$ (n 等分区间 $[0,1]$; 特取 $\xi_i = \dfrac{i}{n}$).

4.3.2　典型例题

例 4.3.1　求极限 $\lim\limits_{n\to\infty}\left(\dfrac{n}{n^2+1}+\dfrac{n}{n^2+2^2}+\cdots+\dfrac{n}{n^2+n^2}\right)$.

解　原式 $= \lim\limits_{n \to \infty} \dfrac{1}{n} \left[\dfrac{1}{1 + \left(\dfrac{1}{n} \right)^2} + \dfrac{1}{1 + \left(\dfrac{2}{n} \right)^2} + \cdots + \dfrac{1}{1 + \left(\dfrac{n}{n} \right)^2} \right] = \int_0^1 \dfrac{1}{1 + x^2} \mathrm{d}x = \dfrac{\pi}{4}.$

例 4.3.2　利用定积分的几何意义，证明 $\int_{-\frac{\pi}{2}}^{\frac{\pi}{2}} \cos x \mathrm{d}x = 2\int_0^{\frac{\pi}{2}} \cos x \mathrm{d}x.$

解　由于函数 $y = \cos x$ 在区间 $\left[-\dfrac{\pi}{2}, \dfrac{\pi}{2} \right]$ 上非负，定积分 $\int_{-\frac{\pi}{2}}^{\frac{\pi}{2}} \cos x \mathrm{d}x$ 表示在区间

$\left[-\dfrac{\pi}{2}, \dfrac{\pi}{2} \right]$ 上的曲线 $y = \cos x$ 与 x 轴、y 轴所围成的图形面积 S_1，而定积分 $\int_0^{\frac{\pi}{2}} \cos x \mathrm{d}x$ 表示在区

间 $\left[0, \dfrac{\pi}{2} \right]$ 上的曲线 $y = \cos x$ 与 x 轴、y 轴所围成的图形面积 S_2，根据曲线 $y = \cos x$ 的性质可知

$S_1 = 2S_2$，故 $\int_{-\frac{\pi}{2}}^{\frac{\pi}{2}} \cos x \mathrm{d}x = 2\int_0^{\frac{\pi}{2}} \cos x \mathrm{d}x.$

例 4.3.3　设 $M = \int_{-\frac{\pi}{2}}^{\frac{\pi}{2}} \dfrac{(1 + x)^2}{1 + x^2} \mathrm{d}x,\ N = \int_{-\frac{\pi}{2}}^{\frac{\pi}{2}} \dfrac{1 + x}{\mathrm{e}^x} \mathrm{d}x,\ K = \int_{-\frac{\pi}{2}}^{\frac{\pi}{2}} (1 + \sqrt{\cos x}) \mathrm{d}x,$ 则(　　　).

A.$M > N > K$　　　　　B.$M > K > N$　　　　　C.$K > M > N$　　　　　D.$K > N > M$

解　$M = \int_{-\frac{\pi}{2}}^{\frac{\pi}{2}} \dfrac{1 + x^2 + 2x}{1 + x^2} \mathrm{d}x = \int_{-\frac{\pi}{2}}^{\frac{\pi}{2}} 1 \mathrm{d}x = \pi,$ 且 $\mathrm{e}^x > 1 + x \Rightarrow \dfrac{1 + x}{\mathrm{e}^x} < 1;$

由 $N = \int_{-\frac{\pi}{2}}^{\frac{\pi}{2}} \dfrac{1 + x}{\mathrm{e}^x} \mathrm{d}x < \pi,\ K = \int_{-\frac{\pi}{2}}^{\frac{\pi}{2}} (1 + \sqrt{\cos x}) \mathrm{d}x > \pi;$ 故选 C.

例 4.3.4　设函数 $f(x) = 2a - 2a\mathrm{e}^{-x}.$ 若 $f(x)$ 在区间 $[0, 1]$ 上的平均值为 1，求 a 的值.

解　$\int_0^1 f(x) \mathrm{d}x = 2a \int_0^1 (1 - \mathrm{e}^{-x}) \mathrm{d}x = 2a\mathrm{e}^{-1} = 1,\ a = \dfrac{\mathrm{e}}{2}.$

4.3.3　基础精练

精练 4.3.1　利用定积分的几何意义，求下列定积分:

(1) $\int_0^1 2x \mathrm{d}x$;

(2) $\int_0^1 \sqrt{1 - x^2} \mathrm{d}x$;

(3) $\int_{-\pi}^{\pi} \sin x \mathrm{d}x$;

(4) $\int_{-1}^1 |x| \mathrm{d}x.$

精练 4.3.2 比较下列定积分的大小:

(1) $\int_1^2 2x^2 dx$ 与 $\int_1^2 2x^3 dx$;   (2) $\int_0^1 x dx$ 与 $\int_0^1 \ln(1+x) dx$.

精练 4.3.3 估计下列各积分值:

(1) $\int_1^4 (\sqrt{x} - 2) dx$;   (2) $\int_0^2 e^{x^2-x} dx$.

4.3.4 真题演练

演练 4.3.1 极限 $\lim\limits_{n\to\infty} \sum\limits_{i=1}^n \dfrac{n}{n^2+i^2} = ($ $)$.

A.1   B.0   C.$\dfrac{\pi}{4}$ D.$\dfrac{\pi}{2}$

演练 4.3.2 下列等式中,错误的是(   ).

A. $\int_a^b f(x) dx + \int_b^a f(x) dx = 0$ B. $\int_a^b f(x) dx = \int_a^b f(t) dt$

C. $\int_{-a}^a f(x) dx = 0$ D. $\int_a^a f(x) dx = 0$

演练 4.3.3 定积分 $\int_0^2 \sqrt{4-x^2} dx$ 的值是(   ).

A.2π B.π C.$\dfrac{\pi}{2}$ D.4π

演练 4.3.4 函数 $f(x)=\cos\dfrac{x}{2}$ 在区间 $[0,\pi]$ 上的平均值为(   ).

A.$-\dfrac{2}{\pi}$ B.$\dfrac{2}{\pi}$ C.$\dfrac{\pi}{2}$ D.1

演练 4.3.5 设 $f(x)$ 在 $[0,1]$ 上连续,在 $(0,1)$ 内可导,且 $2\int_{\frac{1}{2}}^1 f(x) dx = f(0)$,证明:存在 $\xi \in (0,1)$,使 $f'(\xi)=0$.

§4.4 微积分基本公式

4.4.1 重要概念、结论与方法

1) 变上限定积分

(1) $\forall x \in [a,b]$,若积分 $\int_a^x f(t)\,\mathrm{d}t$ 存在,则称 $\Phi(x) = \int_a^x f(t)\,\mathrm{d}t$ 为积分变上限函数或变上限积分.

(2) 积分变上限函数性质:

① 设 $f(x)$ 在 $[a,b]$ 上可积,则 $\forall x \in [a,b]$, $\Phi(x) = \int_a^x f(t)\,\mathrm{d}t$ 是 x 的连续函数.

②(原函数存在性定理)设 $f(x)$ 在 $[a,b]$ 上连续,则 $\Phi(x) = \int_a^x f(t)\,\mathrm{d}t$ 在 $[a,b]$ 上可导,且

$$\Phi'(x) = \frac{\mathrm{d}}{\mathrm{d}x}\int_a^x f(t)\,\mathrm{d}t = f(x) \quad (a \leqslant x \leqslant b),$$

即 $\Phi(x)$ 是 $f(x)$ 的一个原函数.

③ 设 $f(x)$ 在区间 I 上连续,$a(x)$,$b(x)$ 在 $[a,b]$ 上可导,且 $a(x)$ 和 $b(x)$ 的值域包含于 I,设 $\Phi(x) = \int_{a(x)}^{b(x)} f(t)\,\mathrm{d}t$,则

$$\Phi'(x) = \frac{\mathrm{d}}{\mathrm{d}x}\int_{a(x)}^{b(x)} f(t)\,\mathrm{d}t = f[a(x)]a'(x) - f[b(x)]b'(x), \quad x \in [a,b].$$

2) 牛顿-莱布尼茨公式

设函数 $f(x)$ 在区间 $[a,b]$ 上连续,$F(x)$ 是 $f(x)$ 的任一原函数,则

$$\int_a^b f(x)\,\mathrm{d}x = F(x)\,\Big|_a^b = F(b) - F(a).$$

4.4.2 典型例题

例 4.4.1 设 $f(x)$ 是连续函数,则 $\dfrac{\mathrm{d}}{\mathrm{d}x}\displaystyle\int_{2x}^{-1} f(t)\,\mathrm{d}t = ($ $)$.

A. $f(2x)$ B. $2f(2x)$ C. $-f(2x)$ D. $-2f(2x)$

解 $\dfrac{\mathrm{d}}{\mathrm{d}x}\displaystyle\int_{2x}^{-1} f(t)\,\mathrm{d}t = f(-1) \cdot 0 - f(2x) \cdot 2 = -2f(2x).$

例 4.4.2 计算 $\displaystyle\lim_{x \to 0} \dfrac{\left(\displaystyle\int_0^x e^{t^2}\,\mathrm{d}t\right)^2}{\displaystyle\int_0^x t e^{2t^2}\,\mathrm{d}t}$.

解 原式 $= \displaystyle\lim_{x \to 0} \dfrac{2\displaystyle\int_0^x e^{t^2}\,\mathrm{d}t \cdot e^{x^2}}{x e^{2x^2}} = 2\displaystyle\lim_{x \to 0} \dfrac{\displaystyle\int_0^x e^{t^2}\,\mathrm{d}t}{x} = 2\displaystyle\lim_{x \to 0} e^{x^2} = 2.$

例 4.4.3 已知 $f(x)$ 是连续函数，$f(0)=2$，且 $x\to 0$ 时，$\int_0^x ktf(t)\,dt$ 与 $1-\cos x$ 是等价无穷小，则 $k=$ _____.

解 由 $\lim\limits_{x\to 0}\dfrac{\displaystyle\int_0^x ktf(t)\,dt}{1-\cos x}=\lim\limits_{x\to 0}\dfrac{\displaystyle\int_0^x ktf(t)\,dt}{\dfrac{1}{2}x^2}=\lim\limits_{x\to 0}\dfrac{kxf(x)}{x}=kf(0)=2k=1$，所以 $k=\dfrac{1}{2}$.

例 4.4.4 设 $f(x)$ 是连续函数，则 $\dfrac{d}{dx}\displaystyle\int_0^x tf(x^2-t^2)\,dt=$ ( ).

A. $xf(x^2)$ B. $-xf(x^2)$ C. $2xf(x^2)$ D. $-2xf(x^2)$

解 令 $u=x^2-t^2$，则 $\dfrac{d}{dx}\displaystyle\int_0^x tf(x^2-t^2)\,dt=\dfrac{d}{dx}\left[\dfrac{1}{2}\displaystyle\int_0^{x^2} f(u)\,du\right]=xf(x^2)$，故选 A.

例 4.4.5 计算下列定积分：

(1) $\displaystyle\int_1^3 \dfrac{dx}{\sqrt{x+1}-\sqrt{x-1}}$；

(2) $\displaystyle\int_0^{2\pi}|\sin x|\,dx$；

(3) $\displaystyle\int_0^2 f(x)\,dx$，其中 $f(x)=\begin{cases} x+1, & x\leqslant 1 \\ \dfrac{1}{2}x^2, & x>1 \end{cases}$.

解 (1) $\displaystyle\int_1^3 \dfrac{dx}{\sqrt{x+1}-\sqrt{x-1}}=\displaystyle\int_1^3 \dfrac{\sqrt{x+1}+\sqrt{x-1}}{(\sqrt{x+1}-\sqrt{x-1})(\sqrt{x+1}+\sqrt{x-1})}\,dx$

$\qquad\qquad =\dfrac{1}{2}\displaystyle\int_1^3(\sqrt{x+1}+\sqrt{x-1})\,dx$

$\qquad\qquad =\dfrac{1}{2}\left[\dfrac{2}{3}(x+1)^{\frac{3}{2}}+\dfrac{2}{3}(x-1)^{\frac{3}{2}}\right]\Big|_1^3=\dfrac{8}{3}$.

(2) $\displaystyle\int_0^{2\pi}|\sin x|\,dx=\displaystyle\int_0^\pi \sin x\,dx+\displaystyle\int_\pi^{2\pi}(-\sin x)\,dx$

$\qquad\qquad =(-\cos x)\big|_0^\pi+(-\cos x)\big|_\pi^{2\pi}=4$.

(3) $\displaystyle\int_0^2 f(x)\,dx=\displaystyle\int_0^1(x+1)\,dx+\displaystyle\int_1^2 \dfrac{1}{2}x^2\,dx$

$\qquad\qquad =\left(\dfrac{1}{2}x^2+x\right)\Big|_0^1+\left(\dfrac{1}{6}x^3\right)\Big|_1^2=\dfrac{8}{3}$.

4.4.3 基础精练

精练 4.4.1 求下列函数的导数：

(1) $\displaystyle\int_2^x e^{3t}\,dt$；

(2) $\displaystyle\int_x^2 e^{-3t^2}\,dt$；

（3）$\displaystyle\int_0^{x^2}\sqrt{2-t^2}\,\mathrm{d}t$ ；

（4）$\displaystyle\int_{x^2}^{x}\sin^2 t\,\mathrm{d}t$.

精练 4.4.2　求下列极限：

（1）$\displaystyle\lim_{x\to 0}\frac{\displaystyle\int_0^x\ln(1+t)\,\mathrm{d}t}{x^2}$ ；

（2）$\displaystyle\lim_{x\to 0}\frac{\displaystyle\int_0^x\sin t\,\mathrm{d}t}{\displaystyle\int_0^x t\,\mathrm{d}t}$.

精练 4.4.3　求下列定积分：

（1）$\displaystyle\int_1^2\left(3x^2+\frac{1}{x}-\frac{1}{x^2}\right)\mathrm{d}x$ ；

（2）$\displaystyle\int_{-\frac{1}{2}}^{0}(2x+1)^{99}\,\mathrm{d}x$ ；

（3）$\displaystyle\int_{-1}^{0}\frac{3x^4+3x^2+1}{1+x^2}\mathrm{d}x$ ；

（4）$\displaystyle\int_0^{\frac{\pi}{2}}\cos^2\frac{x}{2}\,\mathrm{d}x$ ；

（5）$\displaystyle\int_0^4|x-2|\,\mathrm{d}x$ ；

（6）$\displaystyle\int_0^{\pi}\sqrt{1+\cos 2x}\,\mathrm{d}x$.

精练 4.4.4　设 $f(x)=\begin{cases}x^2, & 0\leqslant x\leqslant 1\\ 1, & 1<x\leqslant 2\end{cases}$ ，计算 $\displaystyle\int_0^2 f(x)\,\mathrm{d}x$.

4.4.4　真题演练

演练 4.4.1　设 $\int_0^x f(t)\,\mathrm{d}t = a^{3x}$,则 $f(x) = ($ 　　$)$.

A.$3a^{3x}$　　　　　　　B.$a^{3x}\ln a$　　　　　　　C.$3a^{3x-1}$　　　　　　　D.$3a^{3x}\ln a$

演练 4.4.2　设 $y = \int_0^x (t-1)^2(t+2)\,\mathrm{d}t$,则 $\left.\dfrac{\mathrm{d}y}{\mathrm{d}x}\right|_{x=0}\,($ 　　$)$.

A.-2　　　　　　　　B.2　　　　　　　　C.-1　　　　　　　　D.1

演练 4.4.3　设 $f(x)$ 在 **R** 上连续,且在 $x \neq 0$ 时可导,函数 $F(x) = x\int_0^x f(x)\,\mathrm{d}x$,下列结论正确的是(　　).

　　A.$F'(0)$ 不存在　　　　　　　　　　B.$F'(x)$ 不存在

　　C.$F'(x)$ 连续　　　　　　　　　　　D.$F'(0)$ 存在,但 $F''(0)$ 不存在

演练 4.4.4　设 $f(x)$ 为偶函数,则 $\varphi(x) = \int_a^x f(t)\,\mathrm{d}t$ 的奇偶性与 $a($ 　　$)$.

A.有关　　　　　　　　B.无关　　　　　　　　C.可能有关　　　　　　D.都不对

演练 4.4.5　证明 $f(x) = xe^{x^2}\int_0^{2x} e^{t^2}\,\mathrm{d}t$ 在 $(-\infty, +\infty)$ 上为偶函数.

演练 4.4.6　设 $f(x)$ 在 $[a,b]$ 上连续,且单调增加,证明:
$$\int_a^b tf(t)\,\mathrm{d}t \geqslant \frac{a+b}{2}\int_a^b f(t)\,\mathrm{d}t.$$

§4.5　定积分的积分方法

4.5.1　重要概念、结论与方法

1)定积分的换元积分法

设函数 $f(x)$ 在闭区间 $[a,b]$ 上连续,函数 $x = \varphi(t)$ 的导数在 α 与 β 之间的闭区间上连续, $\varphi(t)$ 单调变化,且 $\varphi(\alpha) = a$, $\varphi(\beta) = b$,则
$$\int_a^b f(x)\,\mathrm{d}x = \int_\alpha^\beta f[\varphi(t)]\varphi'(t)\,\mathrm{d}t.$$

2) 定积分的分部积分法

若 $u=u(x),v=v(x)$ 在区间 $[a,b]$ 上有连续导数,则有

$$\int_a^b u\,\mathrm{d}v = uv\,\Big|_a^b - \int_a^b v\,\mathrm{d}u.$$

3) 反常积分

(1) 设函数 $f(x)$ 在区间 $[a,+\infty)$ 上连续,任取 $b>a$,则称 $\lim\limits_{b\to+\infty}\int_a^b f(x)\,\mathrm{d}x$ 为 $f(x)$ 在 $[a,+\infty)$ 上的反常积分,记作 $\int_a^{+\infty} f(x)\,\mathrm{d}x$,即

$$\int_a^{+\infty} f(x)\,\mathrm{d}x = \lim_{b\to+\infty}\int_a^b f(x)\,\mathrm{d}x.$$

当 $\lim\limits_{b\to+\infty}\int_a^b f(x)\,\mathrm{d}x$ 存在时,称反常积分 $\int_a^{+\infty} f(x)\,\mathrm{d}x$ 收敛;否则称反常积分 $\int_a^{+\infty} f(x)\,\mathrm{d}x$ 发散.

(2) 函数 $f(x)$ 在区间 $(-\infty,b]$ 上的反常积分为 $\int_{-\infty}^b f(x)\,\mathrm{d}x = \lim\limits_{a\to-\infty}\int_a^b f(x)\,\mathrm{d}x$,当 $\lim\limits_{a\to-\infty}\int_a^b f(x)\,\mathrm{d}x$ 存在时,称反常积分 $\int_{-\infty}^b f(x)\,\mathrm{d}x$ 收敛;否则称反常积分 $\int_{-\infty}^b f(x)\,\mathrm{d}x$ 发散.

(3) 函数 $f(x)$ 在区间 $(-\infty,+\infty)$ 上的反常积分为

$$\int_{-\infty}^{+\infty} f(x)\,\mathrm{d}x = \int_{-\infty}^c f(x)\,\mathrm{d}x + \int_c^{+\infty} f(x)\,\mathrm{d}x.$$

其中 c 为任意常数,当 $\int_{-\infty}^c f(x)\,\mathrm{d}x$ 和 $\int_c^{+\infty} f(x)\,\mathrm{d}x$ 都收敛时,称反常积分 $\int_{-\infty}^{+\infty} f(x)\,\mathrm{d}x$ 收敛;否则称 $\int_{-\infty}^{+\infty} f(x)\,\mathrm{d}x$ 发散.

(4) 设函数 $f(x)$ 在区间 $[a,b)$ 上连续,且 $\lim\limits_{x\to b^-} f(x)=\infty$,取 $\varepsilon>0$,定义 $\lim\limits_{\varepsilon\to 0^+}\int_a^{b-\varepsilon} f(x)\,\mathrm{d}x$ 为函数 $f(x)$ 在区间 $[a,b)$ 上的反常积分,记作 $\int_a^b f(x)\,\mathrm{d}x$,即

$$\int_a^b f(x)\,\mathrm{d}x = \lim_{\varepsilon\to 0^+}\int_a^{b-\varepsilon} f(x)\,\mathrm{d}x.$$

当 $\lim\limits_{\varepsilon\to 0^+}\int_a^{b-\varepsilon} f(x)\,\mathrm{d}x$ 存在时,称反常积分 $\int_a^b f(x)\,\mathrm{d}x$ 收敛;否则称反常积分 $\int_a^b f(x)\,\mathrm{d}x$ 发散.

(5) 当下限 $x=a$ 为函数 $f(x)$ 在区间的无穷间断点时:

$\int_a^b f(x)\,\mathrm{d}x = \lim\limits_{\xi\to 0^+}\int_{a+\xi}^b f(x)\,\mathrm{d}x$,当 $\lim\limits_{\xi\to 0^+}\int_{a+\xi}^b f(x)\,\mathrm{d}x$ 存在时,称反常积分 $\int_a^b f(x)\,\mathrm{d}x$ 收敛;否则称反常积分 $\int_a^b f(x)\,\mathrm{d}x$ 发散.

(6) 当无穷间断点 $x=c$ 位于区间 $[a,b]$ 内部时,则定义反常积分 $\int_a^b f(x)\,\mathrm{d}x$ 为

$\int_a^b f(x)\,\mathrm{d}x = \int_a^c f(x)\,\mathrm{d}x + \int_c^b f(x)\,\mathrm{d}x$.当反常积分 $\int_a^c f(x)\,\mathrm{d}x$ 与 $\int_c^b f(x)\,\mathrm{d}x$ 都收敛时,称反常积分 $\int_a^b f(x)\,\mathrm{d}x$ 收敛,否则称反常积分 $\int_a^b f(x)\,\mathrm{d}x$ 发散.

4）重要结论与方法

（1）奇、偶函数在对称区间上的定积分。

设 $f(x)$ 在 $[-a,a]$ 上连续，则 $\displaystyle\int_{-a}^{a} f(x)\,dx = \begin{cases} 0, & f(-x) = -f(x) \\ 2\displaystyle\int_{0}^{a} f(x)\,dx, & f(-x) = f(x) \end{cases}$.

（2）周期函数的定积分。

设 $f(x)$ 是以 T 为周期的连续函数，则

① $\displaystyle\int_{a}^{a+T} f(x)\,dx = \int_{0}^{T} f(x)\,dx$，$a \in \mathbf{R}$.

② $\displaystyle\int_{a}^{a+nT} f(x)\,dx = n\int_{0}^{T} f(x)\,dx$，$a \in \mathbf{R}, n \in \mathbf{N}$.

（3）三角函数的定积分。

设 $f(x)$ 在 $[0,1]$ 上连续，则

① $\displaystyle\int_{0}^{\pi} f(\sin x)\,dx = 2\int_{0}^{\frac{\pi}{2}} f(\sin x)\,dx$；

② $\displaystyle\int_{0}^{\frac{\pi}{2}} f(\sin x)\,dx = 2\int_{0}^{\frac{\pi}{2}} f(\cos x)\,dx$；

③ $\displaystyle\int_{0}^{\pi} x f(\sin x)\,dx = \frac{\pi}{2}\int_{0}^{\pi} f(\sin x)\,dx$.

（4）华莱士公式。

$$\int_{0}^{\frac{\pi}{2}} \sin^{n}x\,dx = \int_{0}^{\frac{\pi}{2}} \cos^{n}x\,dx = \begin{cases} \dfrac{n-1}{n} \cdot \dfrac{n-3}{n-2} \cdot \cdots \cdot \dfrac{3}{4} \cdot \dfrac{1}{2} \cdot \dfrac{\pi}{2}, & n\text{ 为正偶数.} \\ \dfrac{n-1}{n} \cdot \dfrac{n-3}{n-2} \cdot \cdots \cdot \dfrac{4}{5} \cdot \dfrac{2}{3} \cdot 1, & n\text{ 为大于 }1\text{ 的正奇数.} \end{cases}$$

（5）反常积分 $\displaystyle\int_{a}^{+\infty} \frac{1}{x^{p}}\,dx\,(a > 0)$，当 $p>1$ 时收敛，当 $p \leqslant 1$ 时发散.

4.5.2 典型例题

例 4.5.1 求定积分 $\displaystyle\int_{0}^{1} x^{3}\mathrm{e}^{x^{4}+1}\,dx$.

解 $\displaystyle\int_{0}^{1} x^{3}\mathrm{e}^{x^{4}+1}\,dx = \frac{1}{4}\int_{0}^{1} \mathrm{e}^{x^{4}+1}\,dx^{4} = \frac{1}{4}\int_{0}^{1} \mathrm{e}^{x^{4}+1}\,d(x^{4}+1) = \frac{1}{4}\mathrm{e}^{x^{4}+1}\Big|_{0}^{1} = \frac{\mathrm{e}^{2} - \mathrm{e}}{4}$.

例 4.5.2 求定积分 $\displaystyle\int_{0}^{\ln 2} \sqrt{\mathrm{e}^{x} - 1}\,dx$.

解 令 $u = \sqrt{\mathrm{e}^{x}-1}$，则 $x = \ln(u^{2}+1)$，$dx = \dfrac{2u}{1+u^{2}}\,du$. 当 $x=0$ 时，$u=0$；当 $x = \ln 2$ 时，$u=1$. 从而

$$\int_{0}^{\ln 2} \sqrt{\mathrm{e}^{x} - 1}\,dx = \int_{0}^{1} u \cdot \frac{2u}{u^{2}+1}\,du = 2\int_{0}^{1}\left(1 - \frac{1}{u^{2}+1}\right)du = 2(u - \arctan u)\Big|_{0}^{1} = 2 - \frac{\pi}{2}.$$

例 4.5.3 求定积分 $\displaystyle\int_{0}^{1} x^{2}\sqrt{1 - x^{2}}\,dx$.

解 令 $x = \sin t$，则 $dx = \cos t\,dt$. 当 $x=1$ 时，$t = \dfrac{\pi}{2}$；当 $x=0$ 时，$t=0$. 从而

$$\int_0^1 x^2 \sqrt{1 - x^2}\, dx = \int_0^{\frac{\pi}{2}} \sin^2 t \cos^2 t\, dt = \int_0^{\frac{\pi}{2}} (1 - \cos^2 t) \cos^2 t\, dt$$

$$= \int_0^{\frac{\pi}{2}} \cos^2 t\, dt - \int_0^{\frac{\pi}{2}} \cos^4 t\, dt = \frac{1}{2} \cdot \frac{\pi}{2} - \frac{3}{4} \cdot \frac{1}{2} \cdot \frac{\pi}{2} = \frac{\pi}{16}.$$

例 4.5.4 计算 $\int_{-\pi}^{\pi} (\sqrt{1 + \cos x} + |x| \sin x)\, dx$.

解 $\int_{-\pi}^{\pi} (\sqrt{1 + \cos x} + |x| \sin x)\, dx = \int_{-\pi}^{\pi} \sqrt{1 + \cos x}\, dx = 2 \int_0^{\pi} \sqrt{2 \cos^2 \frac{x}{2}}\, dx.$

$$= 2\sqrt{2} \int_0^{\pi} \cos \frac{x}{2}\, dx = 4\sqrt{2} \sin \frac{x}{2} \Big|_0^{\pi} = 4\sqrt{2}.$$

例 4.5.5 已知 $f(x)$ 二阶可导，$f(2) = \frac{1}{2}$，$f'(2) = 0$ 及 $\int_0^2 f(x)\, dx = 1$，求 $\int_0^1 x^2 f''(2x)\, dx$.

解 令 $t = 2x$，则 $dx = \frac{1}{2} dt$. 当 $x = 0$ 时，$t = 0$；当 $x = 1$ 时，$t = 2$. 则

$$\int_0^1 x^2 f''(2x)\, dx = \frac{1}{2} \int_0^2 \frac{t^2}{4} f''(t)\, dt = \frac{1}{8} \int_0^2 t^2\, df'(t) = \frac{1}{8} \left[t^2 f'(t) \Big|_0^2 - 2 \int_0^2 t f'(t)\, dt \right]$$

$$= -\frac{1}{4} \int_0^2 t\, df(t) = -\frac{1}{4} \left[t f(t) \Big|_0^2 - \int_0^2 f(t)\, dt \right] = -\frac{1}{4} (1 - 1) = 0.$$

例 4.5.6 设 $\lim\limits_{x \to \infty} \left(\frac{1 + x}{x} \right)^{ax} = \int_{-\infty}^{a} t e^t\, dt$，则 $a = $ _____.

解 因为 $\int_{-\infty}^{a} t e^t\, dt = \int_{-\infty}^{a} t\, de^t = t e^t \Big|_{-\infty}^{a} - \int_{-\infty}^{a} e^t\, dt = \left(a e^a - \lim\limits_{t \to -\infty} t e^t \right) - e^t \Big|_{-\infty}^{a}$

$$= a e^a - \lim\limits_{t \to -\infty} \frac{t}{e^{-t}} - \left(e^a - \lim\limits_{t \to -\infty} e^t \right) = (a - 1) e^a$$

且 $\lim\limits_{x \to \infty} \left(\frac{1+x}{x} \right)^{ax} = \lim\limits_{x \to \infty} \left(1 + \frac{1}{x} \right)^{ax} = e^a$，所以 $(a-1) e^a = e^a$，故 $a = 2$.

4.5.3 基础精练

精练 4.5.1 计算下列定积分：

(1) $\int_1^4 \frac{1}{\sqrt{x}(1 + x)}\, dx$;

(2) $\int_{-1}^1 \frac{dx}{\sqrt{5 - 4x}}$;

(3) $\int_{-\frac{1}{2}}^{\frac{1}{2}} \frac{1}{\sqrt{1 - x^2}}\, dx$;

(4) $\int_{-\frac{1}{2}}^{\frac{1}{2}} \ln \frac{1 - x}{1 + x}\, dx$;

(5) $\int_0^1 x e^{-x}\, dx$;

(6) $\int_0^1 x \arctan x\, dx$;

$(7) \displaystyle\int_{-\pi}^{\pi} x^{10}\sin x \mathrm{d}x$ ； $(8) \displaystyle\int_{-\frac{\pi}{2}}^{\frac{\pi}{2}} \cos^4\theta \mathrm{d}\theta$.

精练 4.5.2 求下列反常积分：

$(1) \displaystyle\int_0^{+\infty} \mathrm{e}^{-2x}\mathrm{d}x$ ； $(2) \displaystyle\int_{-\infty}^{+\infty} \frac{x}{(1+x^2)^2}\mathrm{d}x$ ；

$(3) \displaystyle\int_0^1 \frac{x}{\sqrt{1-x^2}}\mathrm{d}x$ ； $(4) \displaystyle\int_{-\frac{\pi}{4}}^{\frac{\pi}{4}} \frac{1}{\sin^2 x}\mathrm{d}x$.

精练 4.5.3 若 $f(x)$ 在 $[a,b]$ 上连续，试证：$\displaystyle\int_a^b f(x)\mathrm{d}x = (b-a)\int_0^1 f[a+(b-a)x]\mathrm{d}x$.

4.5.4 真题演练

演练 4.5.1 计算下列定积分：

$(1) \displaystyle\int_0^1 \frac{\mathrm{d}x}{100+x^2}$ ； $(2) \displaystyle\int_0^2 x\sqrt{1+2x^2}\mathrm{d}x$ ； $(3) \displaystyle\int_0^1 \frac{x+2}{\sqrt{2x+1}}\mathrm{d}x$ ；

$(4) \displaystyle\int_0^1 x\ln(1+x)\mathrm{d}x$ ； $(5) \displaystyle\int_{\frac{1}{e}}^{e} |\ln x|\mathrm{d}x$ ； $(6) \displaystyle\int_{-1}^1 \frac{x^2+x^5\sin x^2}{1+x^2}\mathrm{d}x$.

演练 4.5.2 设 $f(x) = \int_1^x \frac{1}{1+t} \mathrm{d}t \ (x > 0)$,求 $f(x) - f\left(\frac{1}{x}\right)$.

演练 4.5.3 已知 $f(x) = \mathrm{e}^{x^2}$,求 $\int_0^1 f'(x) f''(x) \mathrm{d}x$.

演练 4.5.4 定积分 $\int_{-1}^1 (x\sqrt{|x|} + \sqrt{1-x^2}) \mathrm{d}x = $ _____ .

演练 4.5.5 以下反常积分:① $\int_1^{+\infty} \frac{1}{x^2} \mathrm{d}x$,② $\int_0^{+\infty} \frac{x}{1+x^2} \mathrm{d}x$,③ $\int_0^{+\infty} \frac{1}{\sqrt{x}(1+x)} \mathrm{d}x$,

④ $\int_0^{+\infty} x\mathrm{e}^{-x} \mathrm{d}x$ 中,收敛的有( ).

A.①②③④ B.①②③ C.①③④ D.①②④

演练 4.5.6 若 $f(x) = \begin{cases} \mathrm{e}^x, & x \leq 0 \\ x, & x > 0 \end{cases}$,求 $\int_{-\infty}^x f(t) \mathrm{d}t$.

§4.6 定积分在几何上的应用

4.6.1 重要概念、结论与方法

1)平面图形的面积

(1)平面直角坐标系中的平面图形面积。

①由连续曲线 $y = f(x)$ 、$y = g(x)$ 与直线 $x = a, x = b$ 所围成的图形(称为上下型)面积为 $S = \int_a^b |f(x) - g(x)| \mathrm{d}x$.

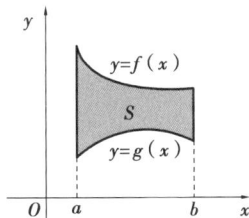

图 4.6.1

②由连续曲线 $x=\varphi(y)$、$x=\psi(y)$ 与直线 $y=c$，$y=d$ 所围成的图形（称为左右型）面积为 $S=\int_c^d|\varphi(y)-\psi(y)|dy$.

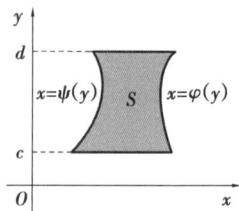

图 4.6.2

（2）极坐标系中的平面图形面积。

由曲线 $\rho=\rho(\theta)$ 以及直线 $\theta=\alpha$ 和 $\theta=\beta$ 围成的曲边扇形图形面积为 $S=\int_\alpha^\beta dS=\int_\alpha^\beta\dfrac{1}{2}\rho^2(\theta)d\theta$.

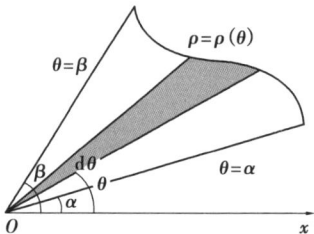

图 4.6.3

2）旋转体的体积

（1）由曲线 $y=f(x)$ 以及直线 $x=a$ 和 $x=b$ 围成的平面图形绕 x 轴旋转一周所得旋转体的体积为 $V=\int_a^b dV=\int_a^b\pi f^2(x)dx$.

（2）由曲线 $x=\varphi(y)$ 以及直线 $y=c$ 和 $y=d$ 围成的平面图形绕 y 轴旋转一周所得旋转体的体积为 $V=\int_c^d\pi\varphi^2(y)dy$.

4.6.2 典型例题

例 4.6.1 求曲线 $y=x^2$ 与 $y=x$，$y=2x$ 所围成图形的面积.

解 平面图形如图 4.6.4 所示.

$$D=\int_0^2(2x-x^2)dx-\int_0^1(x-x^2)dx=\frac{7}{6}.$$

例 4.6.2 曲线 $y=x^3$，直线 $x+y=2$ 以及 y 轴围成一平面图形 D，试求平面图形 D 绕 y 轴旋转一周所得的旋转体的体积.

解 平面图形如图 4.6.5 所示.

联立 $\begin{cases}y=x^3\\x+y=2\end{cases}$ 得交点坐标为 $(1,1)$，故所求旋转体体积为

$$V = \int_0^1 \pi(\sqrt[3]{y})^2 \mathrm{d}y + \int_1^2 \pi(2-y)^2 \mathrm{d}y = \frac{3\pi}{5} y^{\frac{5}{3}} \Big|_0^1 + \frac{\pi}{3}(y-2)^3 \Big|_1^2$$

$$= \frac{3\pi}{5} + \frac{\pi}{3} = \frac{14\pi}{15}.$$

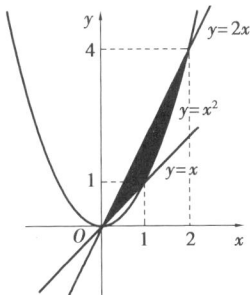　　　　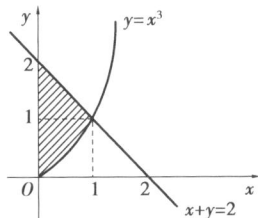

图 4.6.4　　　　　　　　　　　图 4.6.5

例 4.6.3　过坐标原点作曲线 $y = \ln x$ 的切线,该切线与曲线 $y = \ln x$ 及 x 轴围成平面图形 D.

(1)求 D 的面积 A;

(2)求 D 绕直线 $x = \mathrm{e}$ 旋转一周所得旋转体的体积 V.

解　(1)设切点的横坐标为 x_0,则曲线 $y = \ln x$ 在点 $(x_0, \ln x_0)$ 处的切线方程是

$$y = \ln x_0 + \frac{1}{x_0}(x - x_0).$$

由该切线过原点知 $\ln x_0 - 1 = 0$,从而 $x_0 = \mathrm{e}$.所以该切线的方程为

$$y = \frac{1}{\mathrm{e}} x.$$

平面图形 D 的面积

$$A = \int_0^1 (\mathrm{e}^y - \mathrm{e}y) \mathrm{d}y = \frac{1}{2}\mathrm{e} - 1.$$

(2)切线 $y = \frac{1}{\mathrm{e}} x$ 与 x 轴及直线 $x = \mathrm{e}$ 所围成的三角形绕直线 $x = \mathrm{e}$ 旋转所得的圆锥体积为

$$V_1 = \frac{1}{3}\pi \mathrm{e}^2.$$

曲线 $y = \ln x$ 与 x 轴及直线 $x = \mathrm{e}$ 所围成的图形绕直线 $x = \mathrm{e}$ 旋转所得的旋转体体积为

$$V_2 = \int_0^1 \pi(\mathrm{e} - \mathrm{e}^y)^2 \mathrm{d}y,$$

因此所求旋转体的体积为

$$V = V_1 - V_2 = \frac{1}{3}\pi \mathrm{e}^2 - \int_0^1 \pi(\mathrm{e} - \mathrm{e}^y)^2 \mathrm{d}y = \frac{\pi}{6}(5\mathrm{e}^2 - 12\mathrm{e} + 3).$$

例 4.6.4　设抛物线 $y = ax^2 + bx + 2 \ln c$ 过原点,当 $0 \leqslant x \leqslant 1$ 时,$y \geqslant 0$,又已知该抛物线与 x 轴及直线 $x = 1$ 所围图形的面积为 $\frac{1}{3}$.确定 a、b、c 的值,使上述图形绕 x 轴旋转而成的旋转体的体积最小.

解 因为抛物线过原点,所以 $c=1$.抛物线与 x 轴及直线 $x=1$ 所围图形的面积为

$$S = \int_0^1 (ax^2 + bx)\mathrm{d}x = \frac{a}{3} + \frac{b}{2} = \frac{1}{3},$$

所以 $b = \frac{2}{3} - \frac{2}{3}a$.图形绕 x 轴旋转而成的旋转体的体积为

$$V(a) = \pi \int_0^1 (ax^2 + bx)^2 \mathrm{d}x = \pi \int_0^1 (a^2 x^4 + 2abx^3 + b^2 x^2)\mathrm{d}x$$

$$= \pi \left(\frac{a^2}{5} + \frac{ab}{2} + \frac{b^2}{3} \right) = \pi \left(\frac{2a^2}{135} + \frac{a}{27} + \frac{4}{27} \right).$$

令 $V'(a) = \pi \left(\frac{4a}{135} + \frac{1}{27} \right) = 0$,

解得 $a = -\frac{5}{4}$,且 $V''\left(-\frac{5}{4}\right) = \frac{4\pi}{135} > 0$,所以此时旋转体体积最小,且求得此时 $b = \frac{3}{2}$.

4.6.3 基础精练

精练 4.6.1 求由下列各曲线所围图形的面积:

(1) $y = \frac{1}{x}$, $y = x$, $x = 2$;

(2) $y = \frac{1}{2}x^2$, $x^2 + y^2 = 8$.

精练 4.6.2 求曲线 $r = 2a\cos\theta$ 所围图形的面积.

精练 4.6.3 求 $y = x^2$, $y = 0$, $x = 1$ 围成的图形分别绕 x 轴、y 轴旋转所成的旋转体体积.

精练 4.6.4   求 $xy=1$，$x=1$，$x=2$ 及 $y=0$ 围成的图形绕 y 轴旋转所成的旋转体体积.

精练 4.6.5   当 a 为何值时，抛物线 $y=x^2$ 与直线 $x=a$，$x=a+1$，$y=0$ 所围成的图形面积最小?

4.6.4   真题演练

演练 4.6.1   求 $y=x^2$，$y=\dfrac{x^2}{2}$ 与 $y=2x$ 所围成图形的面积.

演练 4.6.2   已知直线 $x=a$ 将抛物线 $x=y^2$ 与直线 $x=1$ 围成的平面图形分成面积相等的两部分，求 a 的值.

演练 4.6.3   求由抛物线 $y=-x^2+4x-3$ 与它在点 $A(0,-3)$ 和 $B(3,0)$ 处的切线所围成区域的面积.

演练 4.6.4   用定积分求 $y=x^2+1$，$y=0$，$x=1$，$x=0$ 所围图形绕 x 轴旋转一周所得旋转体的体积.

演练 4.6.5 设抛物线 $y = ax^2 + bx + c$ 过原点,当 $0 \leqslant x \leqslant 1$ 时,$y \geqslant 0$,又已知该抛物线与 x 轴及直线 $x = 1$ 所围成图形的面积为 $\dfrac{1}{3}$,试确定 a、b、c 的值,使此图形绕 x 轴旋转一周所围成的旋转体的体积最小.

第 5 章

常微分方程

[考试大纲]

1) 一阶微分方程

(1) 了解微分方程的有关概念.

(2) 掌握可分离变量微分方程的解法.

(3) 了解齐次微分方程的解法.

(4) 掌握一阶线性微分方程的解法.

2) 二阶线性微分方程

(1) 了解二阶线性微分方程解的结构.

(2) 掌握二阶常系数齐次线性微分方程的解法.

(3) 会设二阶常系数非齐次线性微分方程的特解形式(自由项限定为 $f(x) = P_n(x)e^{\lambda x}$,其中 $P_n(x)$ 为 x 的 n 次多项式,λ 为实常数).

[知识结构框图]

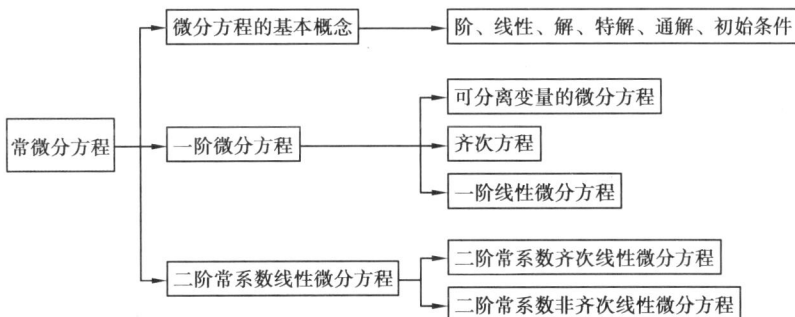

§5.1 微分方程的概念

5.1.1 重要概念、结论与方法

1) 常微分方程的概念

(1) 含有未知函数及其导数(或微分)的方程称为**微分方程**.未知函数是一元函数的微分方程称为**常微分方程**.微分方程中出现的未知函数导数的最高阶数称为**微分方程的阶**.

(2) 如果将函数 $y=f(x)$ 代入微分方程后使方程成为恒等式,则 $y=f(x)$ 称为该微分方程的**解**.解中含有任意常数,其个数与方程阶数相同,且这些任意常数相互独立,则该解称为微分方程的**通解**;不含任意常数的解称为**特解**.确定特解的特定条件称为**初始条件**,求微分方程满足初始条件的特解的问题称为**初值问题**.

(3) 微分方程中所含的未知函数及其各阶导数全是一次幂,形如 $\dfrac{\mathrm{d}^n y}{\mathrm{d}x^n}+a_1(x)\dfrac{\mathrm{d}^{(n-1)}y}{\mathrm{d}x^{(n-1)}}+\cdots+a_{n-1}(x)\dfrac{\mathrm{d}y}{\mathrm{d}x}+a_n(x)y=f(x)$ 的方程称为 **n 阶线性微分方程**,其中 $a_1(x),\cdots,a_n(x)$,$f(x)$ 是 x 的已知函数.

(4) 线性微分方程:未知函数 y 及其导数 y',y'',$\cdots$,$y^{(n)}$ 的次数都是一次的。

(5) 一阶线性微分方程:形如 $y'+P(x)y=Q(x)$,若其中的 $Q(x)\equiv 0$,称为齐次的;反之,称为非齐次的.

2) 重要结论与方法

(1) 分离变量法:形如 $y'=f(x)g(y)$ 的微分方程,先把变量置于等式两边 $\dfrac{\mathrm{d}y}{g(y)}=f(x)\mathrm{d}x$ $(g(y)\neq 0)$,再两边积分 $\displaystyle\int\dfrac{\mathrm{d}y}{g(y)}=\int f(x)\mathrm{d}x$,可得到原方程的通解:$G(y)=F(x)+C$.

(2) 齐次方程求解:形如 $\dfrac{\mathrm{d}y}{\mathrm{d}x}=\varphi\left(\dfrac{y}{x}\right)$,假设 $u=\dfrac{y}{x}$,对 $y=ux$ 两边关于 x 求导得 $\dfrac{\mathrm{d}y}{\mathrm{d}x}=u+x\dfrac{\mathrm{d}u}{\mathrm{d}x}$,将原方程化简为 $\dfrac{\mathrm{d}u}{\mathrm{d}x}=\dfrac{\varphi(u)-u}{x}$,对化简后的方程分离变量后再积分得 $\displaystyle\int\dfrac{\mathrm{d}u}{\varphi(u)-u}=\int\dfrac{\mathrm{d}x}{x}$.求出通解后,将 u 还原为 $\dfrac{y}{x}$,即可得所求微分方程的通解.

5.1.2 典型例题

例 5.1.1 下列方程是微分方程的是( ).

A. $2y^5+x^2+6xy=0$

B. $(7x-6y)^2+(x+y)^2=R^2$

C. $(y')^3+xy-2y^2=0$

D. $\dfrac{x^2}{2}+\dfrac{y^2}{5}=1$

解 选 C.所有选项中,只有选项 C 含有未知函数的导数.

例 5.1.2 下列方程是一阶微分方程的是(　　).

A. $y''+xy'-y=0$ B. $(3x+5y)(x-y)dy=0$

C. $(y')^3+xy^{(4)}-y^2=0$ D. $(y''-20y')^3-y^4+x^3$

解 选 C.选项 A、D 是二阶微分方程,选项 B 不是微分方程.

例 5.1.3 下列各题中的函数是否为所给方程的解?若是,它是通解还是特解?

(1) $x\dfrac{dy}{dx}=-2y,y=c_1x^{-2}$;

(2) $y''-2y'+y=0,y=x^3e^x$;

(3) $y''-\dfrac{2}{x}y'+\dfrac{2}{x^2}y=0,y=c_1x+c_2x^2$;

(4) $y''+y=0,y=3\sin x-4\cos x$.

解 验证是否是方程的解,只需要将解代入方程验证是否成立即可.一阶微分方程的通解含有一个常数 C,二阶微分方程的通解含有两个不能合并的常数 C.由此,(1)是通解,(2)不是解,(3)是通解,(4)是特解.

例 5.1.4 求方程 $e^yy'-xe^{2x^2}=0$,满足 $y|_{x=0}=0$ 的特解.

解 方程分离变量 $e^ydy=xe^{2x^2}dx$,两边积分 $\int e^ydy=\int xe^{2x^2}dx$,即 $e^y=\dfrac{1}{4}e^{2x^2}+C$,将初始条件代入得 $C=\dfrac{3}{4}$,得方程的特解为 $4e^y=e^{2x^2}+3$.

例 5.1.5 求微分方程 $dx+xydy=y^2dx+ydy$ 的通解.

解 方程可整理为 $\dfrac{dy}{dx}=\dfrac{1}{x-1}\cdot\dfrac{y^2-1}{y}$,即为一阶可分离变量微分方程.

分离变量为:$\dfrac{y}{y^2-1}dy=\dfrac{1}{x-1}dx$,两边同时积分:$\int\dfrac{y}{y^2-1}dy=\int\dfrac{1}{x-1}dx$,得 $\dfrac{1}{2}\ln|y^2-1|=\ln|x-1|+\ln|C_1|$,化简得通解:$y^2=C(x-1)^2+1$(其中 $\pm C_1^2=C$)

(注:公式 $\ln a^b=b\ln a,\ln a+\ln b=\ln ab$).

例 5.1.6 求微分方程 $y'=\dfrac{y}{y-x}$ 的通解.

解 原方程可化为 $\dfrac{dy}{dx}=\dfrac{\dfrac{y}{x}}{\dfrac{y}{x}-1}$,是齐次方程.令 $\dfrac{y}{x}=u$,即 $y=xu$,于是 $\dfrac{dy}{dx}=u+x\dfrac{du}{dx}$,将 $\dfrac{dy}{dx}=\dfrac{u}{u-1}$

代入上式得 $u+x\dfrac{du}{dx}=\dfrac{u}{u-1}$,整理得 $\dfrac{u-1}{2u-u^2}du=\dfrac{dx}{x}$,两边积分可得 $\ln|x|=-\dfrac{1}{2}\int\dfrac{d(2u-u^2)}{2u-u^2}=$

$-\dfrac{1}{2}\ln|2u-u^2|+\dfrac{1}{2}\ln|C|$,即 $(2u-u^2)x^2=C$.将 $u=\dfrac{y}{x}$ 代入原方程的通解为 $y(2x-y)=C$.

5.1.3 基础精练

精练 5.1.1 指出下列微分方程的阶:

$(1)\dfrac{dy}{dx}=4x^3-y;$

$(2)dy+3ydx=x^2dx;$

$(3)y''+(y')^3+12xy=0;$

$(4)xy'''+2y''+x^2y=0;$

$(5)x\dfrac{d^2y}{dx^2}-5\dfrac{dy}{dx}+3xy=\sin x;$

$(6)\left(\dfrac{dy}{dx}\right)^4=4x^3.$

精练 5.1.2 验证 $y=C_1e^{-x}+C_2xe^{-x}$ 是微分方程 $y''+2y'+y=0$ 的通解,并求出满足初始条件 $y\big|_{x=0}=4,y'\big|_{x=0}=-2$ 的特解.

精练 5.1.3 求下列微分方程或其初值问题的解:

$(1)\dfrac{dy}{dx}=xe^x;$

$(2)\dfrac{dy}{dx}=x^2y^2;$

$(3)\dfrac{dy}{dx}=4x^2,y\big|_{x=0}=1;$

$(4)\dfrac{dy}{dx}=e^{2x-y},y\big|_{x=0}=0.$

5.1.4 真题演练

演练 5.1.1 微分方程 $\dfrac{d^2y}{dx^2}+y\dfrac{dy}{dx}+\sin y=1$ 是( ).

A.二阶非线性微分方程　　　　　　　　B.二阶线性微分方程

C.一阶非线性微分方程　　　　　　　　D.一阶线性微分方程

演练 5.1.2 $y=\sin x+C$(C 为任意常数)是微分方程 $(y'')^2=1-(y')^2$ 的( ).

A.解　　　　　　B.通解　　　　　　C.特解　　　　　　D.所有解

演练 5.1.3 下列选项是线性微分方程的是( ).

A.$y''+(\ln x)y'+\cos xy=0$　　　　　　B.$y''+2y'+y^2=e^x$

C.$y'-xy+1=\ln x$　　　　　　　　　　D.$(y'')^2-y'=3x+7$

演练 5.1.4 函数 $y=Ce^x+1$ 是微分方程 $y''-y'=0$ 的( ).

A.通解　　　　　　　　　　　　　　B.特解

C.是解,但既不是通解也不是特解　　　　D.不是解

演练 5.1.5 设函数 $y=ae^{-x}+be^{5x}$ 是某个二阶微分方程满足初始条件 $y|_{x=0}=3$,$y'|_{x=0}=9$ 的特解,a,b 为常数,则 $a=$ _____,$b=$ _____.

演练 5.1.6 下列方程中,可分离变量微分方程的是( ).

A.$(y')^2-2yy'+x=0$　　　　　　　　B.$xy+2yy'-\sin(xy)=0$

C.$xy'+x^2y=0$　　　　　　　　　　D.$(7x-6y)dx+(x^2+y)dy=0$

演练 5.1.7 微分方程 $(1+e^x)dy=ye^xdx$ 的通解为 _____.

§5.2　一阶线性微分方程

5.2.1 重要概念、结论与方法

1)一阶线性微分方程

形为 $y'+P(x)y=Q(x)$ 称作一阶线性微分方程,$Q(x)=0$ 称为齐次的,$Q(x)\neq0$ 称为非齐次的.

2)一阶齐次线性方程 $y'+P(x)y=0$ 的求解

一阶齐次线性方程就是可分离变量微分方程.先分离变量得 $\dfrac{dy}{y}=-P(x)dx$,然后两端积分,得 $\ln|y|=-\displaystyle\int P(x)dx+C_1$,最后得到通解

$$y=\pm e^{-\int P(x)dx+C_1}=Ce^{-\int P(x)dx}(C=\pm e^{C_1}).$$

3)一阶非齐次线性方程 $y'+P(x)y=Q(x)$ 的求解

把对应齐次线性方程通解中的常数 C 换成待定函数 $C(x)$,即作变换 $y=C(x)e^{-\int P(x)dx}$.此时,$y'=C'(x)e^{-\int P(x)dx}-C(x)P(x)e^{-\int P(x)dx}$.将 y 及 y' 代入方程,得 $C'(x)=Q(x)e^{\int P(x)dx}$,两端

积分, 得 $C(x) = \int Q(x)\mathrm{e}^{\int P(x)\mathrm{d}x}\mathrm{d}x + C$. 由此, 非齐次线性方程的通解公式为 $y = \mathrm{e}^{-\int P(x)\mathrm{d}x}\left(\int Q(x)\mathrm{e}^{\int P(x)\mathrm{d}x}\mathrm{d}x + C\right)$.

5.2.2 典型例题

例 5.2.1 求解微分方程 $3xy^2\mathrm{d}y - (2y^3 - x^3)\mathrm{d}x = 0$ 的通解.

解 原方程可化为 $\dfrac{\mathrm{d}y}{\mathrm{d}x} = \dfrac{2y}{3x} - \dfrac{x^2}{3y^2}$, 是一阶齐次微分方程. 令 $u = \dfrac{y}{x}$, 则有 $\dfrac{\mathrm{d}u}{\mathrm{d}x} = -\dfrac{1+u^3}{3xu^2}$. 分离变量得 $\dfrac{3u^2\mathrm{d}u}{1+u^3} = -\dfrac{\mathrm{d}x}{x}$, 两边积分得 $\ln(1+u^3) + \ln x = \ln C$, 所以原方程的通解为 $x + xu^3 = C$, 将 $u = \dfrac{y}{x}$ 代入, 得原方程的通解为 $x^3 + y^3 = Cx^2$, C 为任意常数.

例 5.2.2 求解一阶齐次微分方程 $y' = 3x^2 y, y(0) = 2$ 的特解.

解 由公式得其通解为 $y = C\mathrm{e}^{x^3}$. 代入初值条件得 $C = 2$, 所以原方程满足初值条件的特解为 $y = 2\mathrm{e}^{x^3}$.

例 5.2.3 求解微分方程 $\dfrac{\mathrm{d}y}{\mathrm{d}x} + 2y = x\mathrm{e}^x$ 的通解.

解 这是一阶非齐次微分方程, 由公式得其通解为

$$y = \mathrm{e}^{-2x}\left(\int x\mathrm{e}^x \cdot \mathrm{e}^{2x}\mathrm{d}x + C\right) = \mathrm{e}^{-2x}\left(\frac{1}{3}x\mathrm{e}^{3x} - \frac{1}{9}\mathrm{e}^{3x} + C\right), C \text{ 为任意常数}.$$

例 5.2.4 求解微分方程 $y' + y\sin x = \sin x$ 满足 $y\big|_{x=\frac{\pi}{2}} = \pi$ 的特解.

解 利用一阶非齐次线性微分方程的通解公式可得

$$y = \mathrm{e}^{-\int \sin x\mathrm{d}x}\left(\int \sin x\mathrm{e}^{\int \sin x\mathrm{d}x}\mathrm{d}x + C\right) = \mathrm{e}^{\cos x}\left(\int \sin x\mathrm{e}^{-\cos x}\mathrm{d}x + C\right)$$

$$= \mathrm{e}^{\cos x}\left(\int \mathrm{e}^{-\cos x}\mathrm{d}(-\cos x) + C\right) = \mathrm{e}^{\cos x}(\mathrm{e}^{-\cos x} + C) = C\mathrm{e}^{\cos x} + 1,$$

将初始条件 $y\big|_{x=\frac{\pi}{2}} = \pi$ 代入得 $C = \pi - 1$, 故原方程的特解为 $y = \mathrm{e}^{\cos x}(\pi - 1) + 1$.

5.2.3 基础精练

精练 5.2.1 求微分方程的通解:

(1) $y' + 2y = 1$;

(2) $\dfrac{\mathrm{d}y}{\mathrm{d}x} + y = \mathrm{e}^{-x}$;

(3) $y' = \dfrac{y + x\ln x}{x}$;

(4) $y' - 3xy = 2x$;

$(5) \dfrac{\mathrm{d}y}{\mathrm{d}x} = \dfrac{y}{x+y^3}$;

$(6) (1+x^2)y' - 2xy = (1+x^2)^2$.

精练 5.2.2　求下列微分方程满足所给初始条件的特解:

$(1) y' + y = 3x^2, y(0) = 2$;

$(2) y' = \mathrm{e}^{x-y}, y(0) = 0$;

$(3) y' + y \cos x = \mathrm{e}^{-\sin x}, y(0) = 0$;

$(4) x\mathrm{d}y - y\mathrm{d}x = y^2 \mathrm{e}^y \mathrm{d}y, y(0) = \ln 2$.

5.2.4　真题演练

演练 5.2.1　求微分方程 $(1+\mathrm{e}^x)\mathrm{d}y = y\mathrm{e}^x\mathrm{d}x$ 的通解.

演练 5.2.2　求微分方程 $y' = \dfrac{y}{y-x}$ 的通解.

演练 5.2.3　求微分方程 $\dfrac{\mathrm{d}y}{\mathrm{d}x} + 3y = \mathrm{e}^{2x}$ 的通解.

演练 5.2.4 求微分方程 $y'+2xy=xe^{-x^2}$ 满足初始条件 $y\big|_{x=0}=1$ 的特解.

演练 5.2.5 已知可导函数 $f(x)$ 满足 $f(x)=\int_0^x f(t)\,\mathrm{d}t+e^x$, 求 $f(x)$.

§5.3 二阶线性微分方程

5.3.1 重要概念、结论与方法

1) 线性相关

设 $y_1(x),y_2(x),\cdots,y_n(x)$ 是定义在区间 I 上的 n 个函数, 如果存在 n 个不全为零的常数 $k_1,k_2,\cdots,k_n$, 使得当 $x\in I$ 时恒有 $k_1y_1+k_2y_2+\cdots+k_ny_n=0$. 则称函数 $y_1(x),y_2(x),\cdots,y_n(x)$ 在区间 I 上线性相关; 否则称线性无关.

2) 齐次线性微分方程解的结构

(1) 若 $y_1(x),y_2(x)$ 是方程 $y''+P(x)y'+Q(x)y=0$ 的解, 则 $y=C_1y_1(x)+C_2y_2(x)$ 也是它的解.

(2) 若 $y_1(x),y_2(x)$ 是 $y''+P(x)y'+Q(x)y=0$ 的两个线性无关解, 则 $y=C_1y_1(x)+C_2y_2(x)$ 是它的通解.

3) 二阶常系数齐次线性微分方程

方程 $y''+py'+qy=0$ (p,q 为常数) 称为二阶常系数齐次线性微分方程, 对应的代数方程 $r^2+pr+q=0$ 称为特征方程, 特征方程的根称为特征根.

4) 二阶常系数齐次线性微分方程的求解

当方程有两个不等实根 r_1,r_2 时, 它的通解为 $y=C_1e^{r_1x}+C_2e^{r_2x}$;

当方程有两个相等实根 $r_1=r_2=r$ 时, 它的通解为 $y=(C_1+C_2x)e^{rx}$;

当方程有一对共轭复根 $\alpha\pm i\beta$ 时, 它的通解为 $y=e^{\alpha x}(C_1\cos\beta x+C_2\sin\beta x)$.

5) 非齐次微分方程 $y''+P(x)y'+Q(x)y=f(x)$ 解的结构

(1) 若 $y^*(x)$ 是方程的特解, $\bar{y}(x)$ 是对应齐次微分方程的通解, 则 $y=\bar{y}(x)+y^*(x)$ 是方程的通解.

(2) $y_1^*(x)$ 是 $y''+P(x)y'+Q(x)y=f_1(x)$ 的特解, $y_2^*(x)$ 是 $y''+P(x)y'+Q(x)y=f_2(x)$ 的特解, 则 $y_1^*(x)+y_2^*(x)$ 是 $y''+P(x)y'+Q(x)y=f_1(x)+f_2(x)$ 的特解.

6) 二阶常系数非齐次线性微分方程 $y''+py'+qy=f(x)$ 的解

（1）$f(x)=e^{\lambda x}P_m(x)$，则可用待定系数法构造特解为 $y^*=x^kQ_m(x)e^{\lambda x}$，其中 $k=$
$\begin{cases}0,\lambda\text{ 不是特征根}\\1,\lambda\text{ 是单重特征根},Q_m(x)\text{是与}P_m(x)\text{同次}(m\text{ 次})\text{的多项式.}\\2,\lambda\text{ 是两重特征根}\end{cases}$

（2）$f(x)=e^{\lambda x}[P_l(x)\cos\omega x+P_n(x)\sin\omega x]$ 型，则构造特解为
$$y^*=x^ke^{\lambda x}[R_m^{(1)}(x)\cos\omega x+R_m^{(2)}(x)\sin\omega x],$$
其中 $k=\begin{cases}0,\lambda+\omega i\text{ 不是特征解},\\1,\lambda+\omega i\text{ 是特征解},\end{cases}$ $R_m^{(1)}(x),R_m^{(2)}(x)$ 是 m 次多项式，$m=\max\{l,n\}$.

7) 二阶常系数非齐次线性微分方程通解的求解步骤

第一步：用特征根法求出对应齐次方程的通解 $y_1(x)$；

第二步：用待定系数法求出非齐次方程的一个特解 $y^*(x)$；

第三步：写出原方程的通解 $y=y_1(x)+y^*(x)$.

5.3.2 典型例题

例 5.3.1 微分方程 $\dfrac{d^2y}{dx^2}+2\dfrac{dy}{dx}-3y=0$ 的通解为 _____.

解 $y=C_1e^x+C_2e^{-3x}$.这是二阶常系数线性齐次微分方程.特征方程为 $r^2+2r-3=0$，特征根为 $r_1=1,r_2=-3$，由通解公式，原方程的通解为 $y=C_1e^x+C_2e^{-3x}$.

例 5.3.2 微分方程 $y''+6y'+9y=0$ 的通解为 _____.

解 特征方程为 $r^2+6r+9=0$，特征根为 $r_1=r_2=-3$.由通解公式，可得通解为 $y=(C_1+C_2x)e^{-3x}$.

例 5.3.3 求微分方程 $y''-4y'+5y=0$ 满足初始条件 $y|_{x=0}=2,y'|_{x=0}=7$ 的特解.

解 特征方程为 $r^2-4r+5=0$，特征根为 $r_{1,2}=2\pm i$，由通解公式，可得通解为 $y=e^{2x}(C_1\cos x+C_2\sin x)$，又由初始条件 $y|_{x=0}=2,y'|_{x=0}=7$，有 $\begin{cases}C_1=2\\2C_1+C_2=7\end{cases}$，得 $\begin{cases}C_1=2\\C_2=3\end{cases}$，代入通解，得特解为：$y=e^{2x}(2\cos x+3\sin x)$.

例 5.3.4 求微分方程 $y''+y=4x^2-5$ 的通解.

解 特征方程为 $r^2+1=0$，特征根为 $r_{1,2}=0\pm i$.二阶常系数齐次微分方程的通解为 $Y(x)=C_1\cos x+C_2\sin x$.又因为 $\lambda=0$ 不是特征方程的根，所以 $k=0$.假设非齐次微分方程的特解为 $y^*=Ax^2+Bx+C$，代入原方程得 $Ax^2+Bx+2A+C=4x^2-5$，故 $\begin{cases}A=4\\2A+C=-5\end{cases}$，解得 $\begin{cases}A=4\\B=0\\C=-13\end{cases}$.所以特解为 $y^*=4x^2-13$，故二阶常系数非齐次微分方程的通解为 $y=Y(x)+y^*=C_1\cos x+C_2\sin x+4x^2-13$.

例 5.3.5 求微分方程 $y''+y=x\cos 2x$ 的一个特解.

解 特征方程为 $r^2+1=0$，特征根为 $r_{1,2}=0\pm i$，而 $\lambda\pm iw=0\pm 2i$ 不是特征方程的根，所以 $k=0$.假设特解为 $y^*=(ax+b)\cos 2x+(cx+d)\sin 2x$，代入原方程得 $(-3ax-3b+4c)\cos 2x-(3cx+$

$$3d+4a)\sin 2x=x\cos 2x,有\begin{cases}-3a=1\\-3b+4c=0\\-3c=0\\-3d-4a=0\end{cases},解得\begin{cases}a=-\dfrac{1}{3}\\b=0\\c=0\\d=\dfrac{4}{9}\end{cases},所以微分方程的一个特解为 y^*=-\dfrac{1}{3}x$$

$\cos 2x+\dfrac{4}{9}\sin 2x.$

5.3.3 基础精练

精练 5.3.1 判断下列各组函数是否线性相关:

(1) x^2, x^3；

(2) e^{ax}, e^{bx}；

(3) $\sin 2x, \sin x\cos x$；

(4) $x\ln x, \ln x.$

精练 5.3.2 求下列微分方程的通解或特解:

(1) $y''-5y'+6y=0$；

(2) $y''+4y'+4y=0$；

(3) $y''+2y'+4y=0$；

(4) $4\dfrac{\mathrm{d}^2 s}{\mathrm{d}t^2}-4\dfrac{\mathrm{d}s}{\mathrm{d}t}+s=0,s\Big|_{t=0}=1,\dfrac{\mathrm{d}s}{\mathrm{d}t}\Big|_{t=0}=3.$

精练 5.3.3 求下列微分方程的通解:

(1) $y''-4y=2x+1$；

(2) $y''-3y'+2y=xe^{2x}$；

$(3) y'' - 6y' + 9y = e^{3x}$；

$(4) y'' + 3y' + 2y = e^{-x}\cos x.$

精练 5.3.4　求下列各微分方程的特解：

$(1) y'' - y = 4xe^{x}, y\big|_{x=0} = 0, y'\big|_{x=0} = 1$；

$(2) y'' + 4y = \dfrac{x}{2}, y\big|_{x=0} = y'\big|_{x=0} = 0.$

5.3.4　真题演练

演练 5.3.1　求微分方程 $y'' + 6y' + 9y = 0$ 满足初始条件 $y(0) = 0$ 和 $y'(0) = -2$ 的特解.

演练 5.3.2　微分方程 $y'' - 4y' + 5y = 0$ 的通解为 ＿＿＿＿＿＿.

演练 5.3.3　求微分方程 $y'' - 5y' + 6y = xe^{2x}$ 的通解.

演练 5.3.4　求微分方程 $y'' + y' = x^{2} + 1$ 的一个特解.

第 6 章
向量与空间解析几何

[考试大纲]

1) 向量代数

(1)理解向量的概念,掌握向量的坐标表示法,会求单位向量、方向余弦;

(2)掌握向量的线性运算以及向量的数量积、向量的向量积的计算方法;

(3)掌握向量平行、垂直的条件.

2) 平面与直线

(1)会求平面的点法式方程、一般式方程,会判定两平面的位置关系;

(2)会求点到平面的距离;

(3)了解直线的一般式方程,会求直线的对称式方程(点向式方程)、参数式方程,会判定两直线的位置关系;

(4)会判定直线与平面的位置关系.

3) 空间曲面

(1)了解母线平行于坐标轴的柱面的方程及其图形;

(2)了解旋转轴为坐标轴的旋转曲面的方程;

(3)了解球面、椭球面、圆锥面、抛物面的方程及其图形.

[知识结构框图]

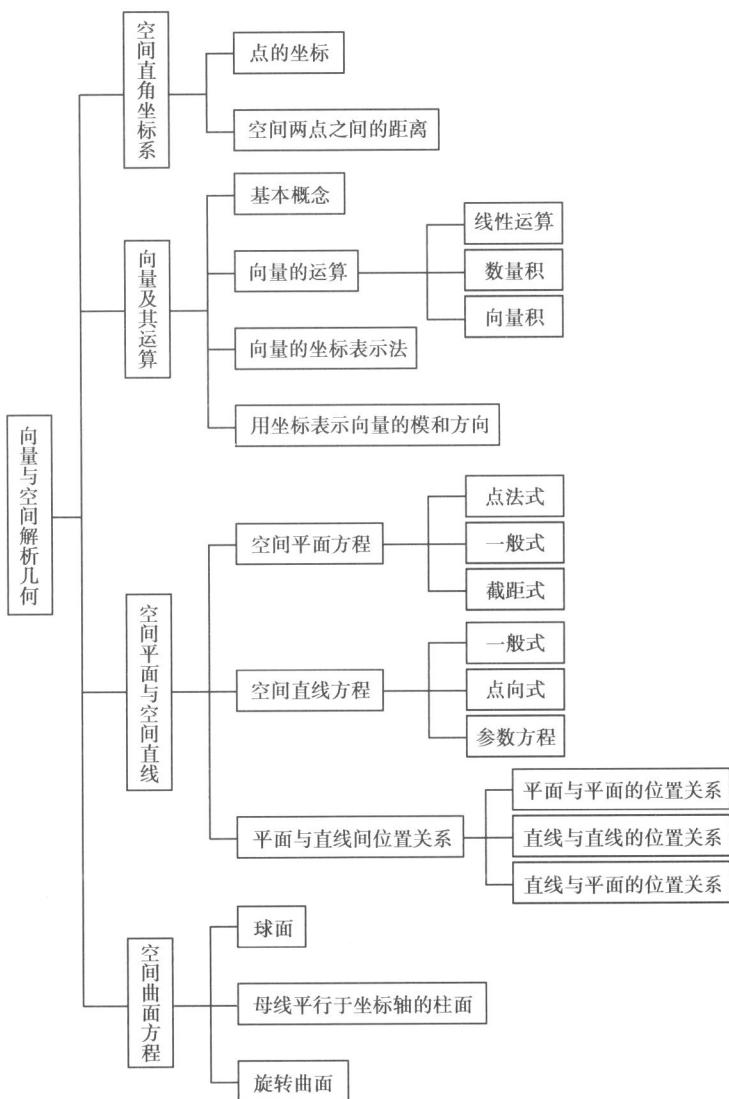

向量与空间解析几何

- 空间直角坐标系
  - 点的坐标
  - 空间两点之间的距离
- 向量及其运算
  - 基本概念
  - 向量的运算
    - 线性运算
    - 数量积
    - 向量积
  - 向量的坐标表示法
  - 用坐标表示向量的模和方向
- 空间平面与空间直线
  - 空间平面方程
    - 点法式
    - 一般式
    - 截距式
  - 空间直线方程
    - 一般式
    - 点向式
    - 参数方程
  - 平面与直线间位置关系
    - 平面与平面的位置关系
    - 直线与直线的位置关系
    - 直线与平面的位置关系
- 空间曲面方程
  - 球面
  - 母线平行于坐标轴的柱面
  - 旋转曲面

§6.1　向量及其线性运算

6.1.1　重要概念、结论与方法

1)基本概念

(1)坐标轴:过空间一定点 O,作三条互相垂直的数轴,它们以 O 为原点,且一般具有相同的长度单位,这三条轴分别叫 x 轴、y 轴和 z 轴,统称为坐标轴,O 称为坐标原点.

(2)空间直角坐标系:坐标轴的正向符合右手规则时,三条坐标轴就组成了一个空间直角坐标系.

（3）坐标面：三条坐标轴中的任意两条可以确定一个平面，这样定出的三个平面统称为坐标面．

（4）卦限：三个坐标面把空间分成了 8 个部分，这 8 个部分称为卦限．

（5）向量：既有大小又有方向的量称为向量（矢量），记为 $\boldsymbol{a} = (a_x, a_y, a_z)$．

（6）向量的坐标表示式：设两点坐标分别为 $A(x_1, y_1, z_1)$ 与 $B(x_2, y_2, z_2)$，则向量 $\overrightarrow{AB} = (x_2 - x_1, y_2 - y_1, z_2 - z_1)$．

（7）向量的模长：$|\overrightarrow{AB}| = \sqrt{(x_2 - x_1)^2 + (y_2 - y_1)^2 + (z_2 - z_1)^2}$，特别地，点 $A(x_1, y_1, z_1)$ 与 $B(x_2, y_2, z_2)$ 之间的距离为 $d = \sqrt{(x_2 - x_1)^2 + (y_2 - y_1)^2 + (z_2 - z_1)^2}$．

（8）单位向量：模长为 1 的向量称为单位向量．

（9）零向量：模长为 0 的向量为零向量．

（10）与 $\boldsymbol{a}$ 方向相同的单位向量：$\boldsymbol{a}^0 = \dfrac{\boldsymbol{a}}{|\boldsymbol{a}|}$．

（11）方向角：非零向量 $a = \{x, y, z\}$ 与三条坐标轴正向的夹角称为向量的方向角，通常表示为 $\alpha, \beta, \gamma (0 \leqslant \alpha, \beta, \gamma \leqslant \pi)$．

（12）方向余弦：方向角的余弦 $\cos \alpha, \cos \beta$ 及 $\cos \gamma$ 称其为方向余弦．表示如下：

$$\cos \alpha = \frac{x}{\sqrt{x^2 + y^2 + z^2}},$$

$$\cos \beta = \frac{y}{\sqrt{x^2 + y^2 + z^2}},$$

$$\cos \gamma = \frac{z}{\sqrt{x^2 + y^2 + z^2}}.$$

且 $\cos^2 \alpha + \cos^2 \beta + \cos^2 \gamma = 1$．

（13）向量的线性运算：设向量 $\boldsymbol{a} = \{x_1, y_1, z_1\}, \boldsymbol{b} = \{x_2, y_2, z_2\}$，则

$$\boldsymbol{a} \pm \boldsymbol{b} = \{x_1 \pm x_2, y_1 \pm y_2, z_1 \pm z_2\}, \lambda \boldsymbol{a} = \{\lambda x_1, \lambda y_1, \lambda z_1\}.$$

2）重要结论与方法

（1）除了空间直角坐标系，还有许多其他种类的坐标系用于描述点、线、面和体的位置，常见的有柱面坐标系、球面坐标系等．

（2）各个卦限内的点（不包含坐标面）的坐标符号分别为：

$$\text{I}(+, +, +), \text{II}(-, +, +), \text{III}(-, -, +), \text{IV}(+, -, +),$$
$$\text{V}(+, +, -), \text{VI}(-, +, -), \text{VII}(-, -, -), \text{VIII}(+, -, -).$$

（3）空间中特殊位置的点的坐标以及对称关系。

①空间中特殊位置的点的坐标：

xOy 平面上的点坐标为 $(x, y, 0)$；　　　　x 轴上的点坐标为 $(x, 0, 0)$；

yOz 平面上的点坐标为 $(0, y, z)$；　　　　y 轴上的点坐标为 $(0, y, 0)$；

zOx 平面上的点坐标为 $(x, 0, z)$．　　　　z 轴上的点坐标为 $(0, 0, z)$．

②点的对称性：

点 $P(x_0, y_0, z_0)$ 关于原点对称的点为 $(-x_0, -y_0, -z_0)$；

点 $P(x_0, y_0, z_0)$ 关于 x 轴对称的点为 $(x_0, -y_0, -z_0)$；

点 $P(x_0,y_0,z_0)$ 关于 y 轴对称的点为 $(-x_0,y_0,-z_0)$；

点 $P(x_0,y_0,z_0)$ 关于 z 轴对称的点为 $(-x_0,-y_0,z_0)$；

点 $P(x_0,y_0,z_0)$ 于 xOy 平面对称的点为 $(x_0,y_0,-z_0)$；

点 $P(x_0,y_0,z_0)$ 关于 xOz 平面对称的点为 $(x_0,-y_0,z_0)$；

点 $P(x_0,y_0,z_0)$ 关于 yOz 平面对称的点为 $(-x_0,y_0,z_0)$.

（4）空间两点 $M_1(x_1,y_1,z_1)$ 和 $M_2(x_2,y_2,z_2)$ 间的距离公式为：

$$d = \sqrt{(x_2-x_1)^2+(y_2-y_1)^2+(z_2-z_1)^2}.$$

（5）与 $\boldsymbol{a}$ 方向相同的单位向量为 $\boldsymbol{a}^0 = \dfrac{\boldsymbol{a}}{|\boldsymbol{a}|}$，与 $\boldsymbol{a}$ 平行的单位向量为 $\pm\boldsymbol{a}^0 = \pm\dfrac{\boldsymbol{a}}{|\boldsymbol{a}|}$.

（6）$\boldsymbol{a} = |\boldsymbol{a}|(\cos\alpha \mathbf{i}+\cos\beta \mathbf{j}+\cos\gamma \mathbf{k})$，其中 $\boldsymbol{a}^0 = \cos\alpha \mathbf{i}+\cos\beta \mathbf{j}+\cos\gamma \mathbf{k}$.

6.1.2　典型例题

例 6.1.1　点 $(2,-3,1)$ 在第（　　）卦限.

A. Ⅰ　　　　　　　B. Ⅳ　　　　　　　C. Ⅴ　　　　　　　D. Ⅷ

解　由坐标正、负可判断该点处于第四卦限，故选 B.

例 6.1.2　已知空间直角坐标系中一点 $A(2,-1,5)$，则点 A 关于 z 轴对称的点的坐标为（　　）.

A. $(-2,1,5)$　　　B. $(2,1,-5)$　　　C. $(-2,-1,-5)$　　　D. $(2,-1,5)$

解　由点的对称点规律可知，点 $P(x_0,y_0,z_0)$ 关于 z 轴对称的点为 $(-x_0,-y_0,z_0)$，故选 A.

例 6.1.3　空间中点 $(-1,3,7)$ 关于 xOz 平面对称的点的坐标为（　　）.

A. $(-1,-3,7)$　　　B. $(-1,-3,-7)$　　　C. $(1,3,-7)$　　　D. $(1,-3,-7)$

解　由点的对称点规律可知，点 $(-1,3,7)$ 关于 xOz 平面对称的点的坐标为 $(-1,-3,7)$，故选 A.

例 6.1.4　一边长为 a 的立方体放置在 xOy 坐标面上，其底面的中心在坐标原点，底面的顶点分别在 x 轴和 y 轴上，求各顶点的坐标.

解　设立方体底面四个顶点为 A,B,C,D，则立方体上表面对应的四个顶点分别为 E,F，G,H，底面中心到底面顶点的距离为 $\dfrac{\sqrt{2}}{2}a$，各顶点的坐标为

$$A\left(\frac{\sqrt{2}}{2}a,0,0\right),B\left(-\frac{\sqrt{2}}{2}a,0,0\right),C\left(0,\frac{\sqrt{2}}{2}a,0\right),D\left(0,-\frac{\sqrt{2}}{2}a,0\right),$$

$$E\left(\frac{\sqrt{2}}{2}a,0,a\right),F\left(-\frac{\sqrt{2}}{2}a,0,a\right),G\left(0,\frac{\sqrt{2}}{2}a,a\right),H\left(0,-\frac{\sqrt{2}}{2}a,a\right).$$

例 6.1.5　设点 P 在 x 轴的正半轴上，且它到 yOz 平面的距离为 5，求点 P 到点 $A(0,\sqrt{2},3)$ 的距离.

解　由于点 P 在 x 轴的正半轴上，因此可设它的坐标为 $(x,0,0)$，则它到 yOz 平面的距离为 $|x|=x=5$，故点 P 到 P_1 的距离为

$$|PP_1| = \sqrt{(5-0)^2+(0-\sqrt{2})^2+(0-3)^2} = \sqrt{36} = 6.$$

例 6.1.6 点 $P(1,-2,3)$ 到 y 轴的距离为( ).

A. $\sqrt{1^2+(-2)^2+3^2}$ B. $\sqrt{(-2)^2+3^2}$ C. $\sqrt{1^2+(-2)^2}$ D. $\sqrt{1^2+3^2}$

解 点 (x,y,z) 到 y 轴的距离为 $d_y=\sqrt{x^2+z^2}=\sqrt{1^2+3^2}$,故选 D.

例 6.1.7 如果向量 $\overrightarrow{P_1P_2}=\{X,Y,Z\}$ 的始点为 $P_1(x_1,y_1,z_1)$,则终点 P_2 的坐标为_____.

解 由向量坐标的定义知,终点坐标为 $(X+x_1,Y+y_1,Z+z_1)$.

例 6.1.8 已知向量 $\boldsymbol{a}=(1,-2,3)$,求与它平行的单位向量.

解 由题可知 $|\boldsymbol{a}|=\sqrt{1^2+(-2)^2+3^2}=\sqrt{14}$,与 $\boldsymbol{a}$ 平行的单位向量为: $\pm\boldsymbol{a}^0=\pm\dfrac{\boldsymbol{a}}{|\boldsymbol{a}|}=\pm\dfrac{1}{\sqrt{14}}$

$\{1,-2,3\}=\pm\left\{\dfrac{\sqrt{14}}{14},-\dfrac{\sqrt{14}}{7},\dfrac{3\sqrt{14}}{14}\right\}$.

故答案为 $\left\{\dfrac{\sqrt{14}}{14},-\dfrac{\sqrt{14}}{7},\dfrac{3\sqrt{14}}{14}\right\}$ 和 $\left\{-\dfrac{\sqrt{14}}{14},\dfrac{\sqrt{14}}{7},-\dfrac{3\sqrt{14}}{14}\right\}$.

例 6.1.9 设向量 $\boldsymbol{a}$ 的方向余弦 $\cos\alpha=\dfrac{1}{3}$,$\cos\beta=\dfrac{2}{3}$,且 $|\boldsymbol{a}|=3$,求向量 $\boldsymbol{a}$.

解 $\cos^2\gamma=1-\cos^2\alpha-\cos^2\beta=1-\dfrac{1}{9}-\dfrac{4}{9}=\dfrac{4}{9}$,所以 $\cos\gamma=\pm\dfrac{2}{3}$.

设向量 $\boldsymbol{a}$ 的坐标为 (a_x,a_y,a_z),则

$a_x=\cos\alpha\cdot|\boldsymbol{a}|=\dfrac{1}{3}\times3=1$,$a_y=\cos\beta\cdot|\boldsymbol{a}|=\dfrac{2}{3}\times3=2$,$a_z=\cos\gamma\cdot|\boldsymbol{a}|=\left(\pm\dfrac{2}{3}\right)\times3=\pm2$,所以 $\boldsymbol{a}=\{1,2,2\}$ 或 $\{1,2,-2\}$.

6.1.3 基础精练

精练 6.1.1 已知 $A(a,1,0)$ 与 $B(2,7,2)$ 间的距离是 8,求 a 的值.

精练 6.1.2 设点 M 在 x 轴上,且与点 $A(-1,3,2)$,$B(0,2,4)$ 的距离相等,求点 M 的坐标.

精练 6.1.3 已知 $A(5,3,4)$,$B(8,1,1)$,$C(3,0,1)$,试证 $\triangle ABC$ 是等腰三角形.

精练 6.1.4　设 $A(3,0,-1),B(0,2,-1),C(3,0,1)$,求 $\overrightarrow{AB},\overrightarrow{AC},\overrightarrow{BC},\overrightarrow{AB}-3\overrightarrow{BC}-2\overrightarrow{CA}$ 的坐标表达式.

精练 6.1.5　分别求出向量 $a=\{1,1,1\},b=\{2,-2,3\}$ 及 $c=\{-2,-1,0\}$ 的模,并分别用单位向量 a^0,b^0,c^0 表达向量 a,b,c.

6.1.4　真题演练

演练 6.1.1　空间中点 $(3,-1,2)$ 关于 y 轴对称的点的坐标为(　　).

A.$(-3,-1,-2)$　　　　B.$(3,-1,2)$　　　　C.$(-3,1,-2)$　　　　D.$(3,1,2)$

演练 6.1.2　求点 $M(4,-3,5)$ 到各坐标轴的距离.

演练 6.1.3　设已知两点 $M_1(2,2,\sqrt{2})$ 和 $M_2(1,3,0)$,则向量的模 $|\overrightarrow{M_1M_2}|=$ _____.

演练 6.1.4　设 $a\neq0$,则与向量 a 同方向的单位向量 $e=$ _____.

演练 6.1.5　已知两点 $A(4,0,5)$ 和 $B(7,1,3)$,则和 $\overrightarrow{AB}$ 方向相反的单位向量为_____.

演练 6.1.6　已知梯形 $OABC,\overrightarrow{CB}//\overrightarrow{OA},|\overrightarrow{CB}|=\dfrac{1}{2}|\overrightarrow{OA}|$,设 $\overrightarrow{OA}=a,\overrightarrow{OC}=b$,则 $\overrightarrow{AB}=$(　　).

A.$\dfrac{1}{2}a-b$　　　　B.$a-\dfrac{1}{2}b$　　　　C.$\dfrac{1}{2}b-a$　　　　D.$b-\dfrac{1}{2}a$

演练 6.1.7　向量 $a=j+k$ 的方向角是(　　).

A.$\dfrac{\pi}{4},\dfrac{\pi}{4},\dfrac{\pi}{2}$　　　　B.$\dfrac{\pi}{4},\dfrac{\pi}{2},\dfrac{\pi}{2}$　　　　C.$\dfrac{\pi}{4},\dfrac{\pi}{2},\dfrac{\pi}{4}$　　　　D.$\dfrac{\pi}{2},\dfrac{\pi}{4},\dfrac{\pi}{4}$

§6.2　数量积与向量积

6.2.1　重要概念、结论与方法

1)数量积(点积)

(1)定义:$a\cdot b=|a||b|\cos\langle a,b\rangle$,$\langle a,b\rangle$ 为两个向量正方向之间不超过 $180°$ 的夹角.

（2）坐标表达式：$\boldsymbol{a} \cdot \boldsymbol{b} = x_1 x_2 + y_1 y_2 + z_1 z_2$.

（3）运算规律：

交换律：$\boldsymbol{a} \cdot \boldsymbol{b} = \boldsymbol{b} \cdot \boldsymbol{a}$；

分配律：$\boldsymbol{a} \cdot (\boldsymbol{b} + \boldsymbol{c}) = \boldsymbol{a} \cdot \boldsymbol{b} + \boldsymbol{a} \cdot \boldsymbol{c}$；

结合律：$(\lambda \boldsymbol{a}) \cdot \boldsymbol{b} = \lambda (\boldsymbol{a} \cdot \boldsymbol{b}) = \boldsymbol{a} \cdot (\lambda \boldsymbol{b})$（$\lambda$ 为实数）.

（4）性质：

$$\boldsymbol{a} \cdot \boldsymbol{a} = |\boldsymbol{a}|^2;$$

$$\boldsymbol{a} \perp \boldsymbol{b} \Leftrightarrow \boldsymbol{a} \cdot \boldsymbol{b} = 0 \Leftrightarrow x_1 x_2 + y_1 y_2 + z_1 z_2 = 0.$$

（5）两向量夹角的余弦公式

$$\cos \langle \boldsymbol{a}, \boldsymbol{b} \rangle = \frac{\boldsymbol{a} \cdot \boldsymbol{b}}{|\boldsymbol{a}| |\boldsymbol{b}|} = \frac{x_1 x_2 + y_1 y_2 + z_1 z_2}{\sqrt{x_1^2 + y_1^2 + z_1^2} \sqrt{x_2^2 + y_2^2 + z_2^2}}.$$

2）向量积（叉积）

（1）定义：$|\boldsymbol{a} \times \boldsymbol{b}| = |\boldsymbol{a}| |\boldsymbol{b}| \sin \langle \boldsymbol{a}, \boldsymbol{b} \rangle$，其中 $\boldsymbol{a}, \boldsymbol{b}, \boldsymbol{a} \times \boldsymbol{b}$ 符合右手法则，称向量 $\boldsymbol{a} \times \boldsymbol{b}$ 为向量 $\boldsymbol{a}, \boldsymbol{b}$ 的向量积.

（2）坐标表达式：

$$\boldsymbol{a} \times \boldsymbol{b} = \begin{vmatrix} \boldsymbol{i} & \boldsymbol{j} & \boldsymbol{k} \\ x_1 & y_1 & z_1 \\ x_2 & y_2 & z_2 \end{vmatrix} = (y_1 z_2 - y_2 z_1) \boldsymbol{i} - (x_1 z_2 - z_1 x_2) \boldsymbol{j} + (x_1 y_2 - x_2 y_1) \boldsymbol{k}.$$

（3）运算规律：

反交换律：$\boldsymbol{a} \times \boldsymbol{b} = -\boldsymbol{b} \times \boldsymbol{a}$；

数因子结合律：$(\lambda \boldsymbol{a}) \times \boldsymbol{b} = \lambda (\boldsymbol{a} \times \boldsymbol{b}) = \boldsymbol{a} \times (\lambda \boldsymbol{b})$（$\lambda$ 为实数）；

左右分配律：$\boldsymbol{a} \times (\boldsymbol{b} + \boldsymbol{c}) = \boldsymbol{a} \times \boldsymbol{b} + \boldsymbol{a} \times \boldsymbol{c}, (\boldsymbol{b} + \boldsymbol{c}) \times \boldsymbol{a} = \boldsymbol{b} \times \boldsymbol{a} + \boldsymbol{c} \times \boldsymbol{a}$.

（4）性质：

$$\boldsymbol{a} \times \boldsymbol{a} = \boldsymbol{0};$$

$$\boldsymbol{a} \parallel \boldsymbol{b} \Leftrightarrow \boldsymbol{a} \times \boldsymbol{b} = \boldsymbol{0} \Leftrightarrow \boldsymbol{a} = \lambda \boldsymbol{b} \Leftrightarrow \frac{x_1}{x_2} = \frac{y_1}{y_2} = \frac{z_1}{z_2}.$$

3）重要结论与方法

（1）数量积的结果是一个数，而向量积的结果是一个向量.如 $\boldsymbol{a} \times \boldsymbol{a} = \boldsymbol{0}$ 这里为零向量.

（2）因为 $\boldsymbol{a} \cdot \boldsymbol{a} = |\boldsymbol{a}|^2$，故 $|\boldsymbol{a}| = \sqrt{\boldsymbol{a} \cdot \boldsymbol{a}}$，此式往往用来计算向量 $\boldsymbol{a}$ 的模.

（3）$|\boldsymbol{a} \times \boldsymbol{b}| = |\boldsymbol{a}| |\boldsymbol{b}| \sin \langle \boldsymbol{a}, \boldsymbol{b} \rangle$ 的几何意义是以 $\boldsymbol{a}, \boldsymbol{b}$（始点重合）为邻边的平行四边形的面积.

（4）数量积和向量积均不具有消去律，即当 $\boldsymbol{a} \neq \boldsymbol{0}$，且 $\boldsymbol{a} \cdot \boldsymbol{b} = \boldsymbol{a} \cdot \boldsymbol{c}$（或 $\boldsymbol{a} \times \boldsymbol{b} = \boldsymbol{a} \times \boldsymbol{c}$ 时），$\boldsymbol{b} = \boldsymbol{c}$ 不一定成立.

（5）向量积不具有交换律而具有反交换律，分配律为左右分配律.如

$$(\boldsymbol{a} - \boldsymbol{b}) \times (\boldsymbol{a} + \boldsymbol{b}) \neq \boldsymbol{a} \times \boldsymbol{a} - \boldsymbol{b} \times \boldsymbol{b};$$

$$(\boldsymbol{b} + \boldsymbol{c}) \times \boldsymbol{a} \neq \boldsymbol{a} \times \boldsymbol{b} + \boldsymbol{a} \times \boldsymbol{c}.$$

同时向量积不具有结合律，即 $(\boldsymbol{a} \times \boldsymbol{b}) \times \boldsymbol{c} \neq \boldsymbol{a} \times (\boldsymbol{b} \times \boldsymbol{c})$.

（6）$\boldsymbol{a} \times \boldsymbol{b}$ 垂直于向量 $\boldsymbol{a}, \boldsymbol{b}$ 所在的平面.

6.2.2　典型例题

例 6.2.1　已知两向量 $a=\{2,\lambda,-1\},b=\{\lambda,2,5\}$ 的数量积为 0,那么 $\lambda=($ 　　).

A. $\dfrac{1}{4}$ 　　　　　　B. $\dfrac{1}{2}$ 　　　　　　C. $\dfrac{3}{4}$ 　　　　　　D. $\dfrac{5}{4}$

解　由题意知 $a\cdot b=2\lambda+2\lambda-5=0$,解得 $\lambda=\dfrac{5}{4}$,故选 D.

例 6.2.2　向量 $a=\{1,2,1\}$ 与向量 $b=\{2,2,1\}$ 的夹角余弦是_____.

解　根据向量夹角的余弦计算公式

$$\cos\theta=\frac{a\cdot b}{|a||b|}=\frac{1\times2+2\times2+1\times1}{\sqrt{1^2+2^2+1^2}\sqrt{2^2+2^2+1^2}}=\frac{7\sqrt{6}}{18},\text{故答案为}\frac{7\sqrt{6}}{18}.$$

例 6.2.3　设 $a=\{1,2,3\},b=\{0,1,-2\}$,则 $a\times b=$_____.

解　$a\times b=\begin{vmatrix} i & j & k \\ 1 & 2 & 3 \\ 0 & 1 & -2 \end{vmatrix}=i\begin{vmatrix} 2 & 3 \\ 1 & -2 \end{vmatrix}-j\begin{vmatrix} 1 & 3 \\ 0 & -2 \end{vmatrix}+k\begin{vmatrix} 1 & 2 \\ 0 & 1 \end{vmatrix}=\{-7,2,1\}$,故答案为 $\{-7,2,1\}$.

例 6.2.4　已知点 $A(1,1,1),B(3,x,y)$,且向量 $\overrightarrow{AB}$ 与 $a=\{2,3,4\}$ 平行,则 $x=$_____.

A.1　　　　　　　B.2　　　　　　　C.3　　　　　　　D.4

解　因为 $\overrightarrow{AB}=\{3-1,x-1,y-1\}$,由 $\overrightarrow{AB}/\!/a$ 知,$\dfrac{2}{2}=\dfrac{x-1}{3}=\dfrac{y-1}{4}$,得 $x=4$.故选 D.

例 6.2.5　已知向量 $a=\{-1,2,t\}$ 与向量 $b=\{1,-2,1\}$ 垂直,则 $t=$_____.

A.-1　　　　　　B.1　　　　　　　C.-5　　　　　　D.5

解　由题意知 $a\cdot b=-1\times1-2\times2+1\times t=0$,得 $t=5$,应选 D.

例 6.2.6　若 $|a|=3,|b|=4$,且向量 a,b 垂直,求 $|(a+b)\times(a-b)|$.

解　因为 $(a+b)\times(a-b)=-a\times b+b\times a=2b\times a$,所以 $|(a+b)\times(a-b)|=2|b||a|\sin\langle a,b\rangle=2\times4\times3\times1=24$.

例 6.2.7　设向量 $A=2a+b,B=ka+b$,其中 $|a|=1,|b|=2,a\perp b$,问 k 为何值时,以 A 与 B 为邻边的平行四边形面积为 6?

解　$A\times B=(2a+b)\times(ka+b)=(2-k)(a\times b)$,因为所给平行四边形面积为 $A\times B$ 的模,所以 $6=|A\times B|=|2-k|\cdot|a||b|\sin\langle a,b\rangle=2|2-k|$,即有 $2-k=\pm3$,所以 $k=5$ 或 $k=-1$.

例 6.2.8　在空间直角坐标系中,对任意向量 a 与 b,下列各式中错误的是(　　).

A. $|a|=|-a|$ 　　　　　　　　　　　　　B. $|a|+|b|>|a+b|$

C. $|a||b|\geqslant|a\cdot b|$ 　　　　　　　　　　D. $|a||b|\geqslant|a\times b|$

解　$(|a|+|b|)^2=|a|^2+|b|^2+2|a||b|\geqslant|a|^2+|b|^2+2|a||b|\cos\theta=|a+b|^2$

故 $|a|+|b|\geqslant|a+b|$,且等号在 a,b 两向量同向或者至少有一个为零向量时成立,故 B 选项错误.

例 6.2.9　求与 $M_1(1,1,0),M_2(0,1,1),M_3(1,0,1)$ 三点所在平面垂直的单位向量.

解　设向量 c 垂直于 M_1,M_2,M_3 三点所在的平面,则 $c\perp\overrightarrow{M_1M_2}=\{-1,0,1\}$,$c\perp\overrightarrow{M_1M_3}=$

$\{0,-1,1\}$，故可取 $\boldsymbol{c}=\overrightarrow{M_1M_2}\times\overrightarrow{M_1M_3}=\begin{vmatrix} \boldsymbol{i} & \boldsymbol{j} & \boldsymbol{k} \\ -1 & 0 & 1 \\ 0 & -1 & 1 \end{vmatrix}=\boldsymbol{i}+\boldsymbol{j}+\boldsymbol{k}=\{1,1,1\}$，因此所求单位向量

为 $\pm\dfrac{\boldsymbol{c}}{|\boldsymbol{c}|}=\pm\dfrac{1}{\sqrt{1^2+1^2+1^2}}\{1,1,1\}=\pm\dfrac{1}{\sqrt{3}}\{1,1,1\}$.

6.2.3 基础精练

精练 6.2.1 设 $\boldsymbol{a}=\boldsymbol{i}-\boldsymbol{j}-2\boldsymbol{k},\boldsymbol{b}=\boldsymbol{i}+2\boldsymbol{j}-\boldsymbol{k}$，求：

(1) $\boldsymbol{a}\cdot\boldsymbol{b}$ 和 $\boldsymbol{a}\times\boldsymbol{b}$；　　　　(2) $(-2\boldsymbol{a})\cdot 3\boldsymbol{b}$ 和 $\boldsymbol{a}\times 2\boldsymbol{b}$；　　　　(3) $\cos(\widehat{\boldsymbol{a},\boldsymbol{b}})$.

精练 6.2.2 若 $|\boldsymbol{a}|=3,|\boldsymbol{b}|=4$，且向量 $\boldsymbol{a},\boldsymbol{b}$ 相互垂直，求 $|(\boldsymbol{a}+\boldsymbol{b})\times(\boldsymbol{a}-\boldsymbol{b})|$.

精练 6.2.3 设 $\triangle ABC$ 的三个顶点的坐标分别为 $A(5,1,-1),B(0,-4,3),C(1,-3,7)$，求 $\triangle ABC$ 的面积及 $\overrightarrow{BC}$ 边上的高.

精练 6.2.4 求垂直于向量 $\boldsymbol{a}=\{2,2,1\}$ 与 $\boldsymbol{b}=\{4,5,3\}$ 的单位向量.

6.2.4 真题演练

演练 6.2.1 设 $\boldsymbol{a}=2\boldsymbol{i}-\boldsymbol{j}+2\boldsymbol{k},\boldsymbol{b}=4\boldsymbol{i}+5\boldsymbol{j}+3\boldsymbol{k}$，则 $\boldsymbol{a}\cdot\boldsymbol{b}=$＿＿＿＿＿＿.

演练 6.2.2 向量 $|\boldsymbol{a}|=13,|\boldsymbol{b}|=19,|\boldsymbol{a}+\boldsymbol{b}|=24$，则 $|\boldsymbol{a}-\boldsymbol{b}|=$＿＿＿＿＿＿.

演练 6.2.3 设 $\boldsymbol{a},\boldsymbol{b}$ 为向量，若 $|\boldsymbol{a}|=2,|\boldsymbol{b}|=3,\boldsymbol{a},\boldsymbol{b}$ 的夹角为 $\dfrac{\pi}{3}$，则 $|\boldsymbol{a}+\boldsymbol{b}|=$＿＿＿＿＿＿.

演练 6.2.4 以向量 $\boldsymbol{\alpha}$ 和 $\boldsymbol{\beta}$ 为边作平行四边形，求平行四边形中垂直于 $\boldsymbol{\alpha}$ 边的高线向量.

演练 6.2.5 向量 $a=\{1,1,4\}$ 与向量 $b=\{1,-2,2\}$ 的夹角余弦是 _____.

演练 6.2.6 已知向量 $a=3i+j-2k$, $b=-i+j-k$, 则 $a\times b=$ _____.

演练 6.2.7 已知 $\triangle ABC$ 的 3 个顶点为 $A(1,2,3)$, $B(3,-1,2)$, $C(1,3,2)$, 则 AB 边上的高 $h=$ _____.

§6.3 空间平面与空间直线

6.3.1 重要概念、结论与方法

1) 平面方程

(1) 点法式: $A(x-x_0)+B(y-y_0)+C(z-z_0)=0$. 其中 (x_0,y_0,z_0) 为平面上的一点, $n=\{A,B,C\}$ 为平面的法向量. 任意垂直于平面的非零向量均可以作为平面的法向量.

(2) 一般式: $Ax+By+Cz+D=0$.

(3) 截距式: $\dfrac{x}{a}+\dfrac{y}{b}+\dfrac{z}{c}=1$, 其中 a,b,c 为平面在 x 轴、y 轴和 z 轴上的截距.

2) 直线方程

(1) 点向式 (对称式): $\dfrac{x-x_0}{m}=\dfrac{y-y_0}{n}=\dfrac{z-z_0}{p}$, 其中 (x_0,y_0,z_0) 为直线上的一点, $s=\{m,n,p\}$ 为直线的方向向量. 任意平行于直线的非零向量均可以作为直线的方向向量.

(2) 一般式: $\begin{cases} A_1x+B_1y+C_1z+D_1=0, \\ A_2x+B_2y+C_2z+D_2=0. \end{cases}$ 其中 A_1,B_1,C_1 与 A_2,B_2,C_2 不成比例.

(3) 参数式: $\begin{cases} x=mt+x_0, \\ y=nt+y_0, \quad -\infty<t<+\infty. \\ z=pt+z_0. \end{cases}$

3) 重要结论与方法

(1) 平面一般式方程 $Ax+By+Cz+D=0$ 中, 系数与平面位置的关系.

若 $D=0$, 则平面过原点;

若 $A=0$ 或 $B=0$ 或 $C=0$, 则平面分别平行于 x 轴、y 轴、z 轴;

若 $A=D=0$ 或 $B=D=0$ 或 $C=D=0$, 则平面分别过 x 轴、y 轴、z 轴;

若 $A=B=0$ 或 $B=C=0$ 或 $A=C=0$, 则平面平行于 xOy 平面、yOz 平面、xOz 平面;

若 $A=B=D=0$ 或 $B=C=D=0$ 或 $A=C=D=0$, 等价于 $z=0$ 或 $x=0$ 或 $y=0$, 则平面即为 xOy 平面、yOz 平面、xOz 平面.

(2) 平面与直线间的位置关系.

①平面与平面:

给定两个平面 π_1 和 π_2, 分别求出法向量 $n_1=\{A_1,B_1,C_1\}$, $n_2=\{A_2,B_2,C_2\}$, 则

$$\pi_1 \text{ 和 } \pi_2 \text{ 的位置关系为} \begin{cases} \dfrac{A_1}{A_2} = \dfrac{B_1}{B_2} = \dfrac{C_1}{C_2} = \dfrac{D_1}{D_2} \Rightarrow \pi_1 \text{ 与 } \pi_2 \text{ 重合;} \\[2mm] \dfrac{A_1}{A_2} = \dfrac{B_1}{B_2} = \dfrac{C_1}{C_2} \neq \dfrac{D_1}{D_2} \Rightarrow \pi_1 \text{ 与 } \pi_2 \text{ 平行;} \\[2mm] A_1A_2 + B_1B_2 + C_1C_2 = 0 \Rightarrow \pi_1 \text{ 与 } \pi_2 \text{ 垂直;} \\[2mm] \text{不满足上述条件} \Rightarrow \pi_1 \text{ 与 } \pi_2 \text{ 斜交.} \end{cases}$$

平面 π_1 和平面 π_2 夹角 φ 的余弦为

$$\cos \varphi = \frac{|n_1 \cdot n_2|}{|n_1||n_2|}, \varphi \in \left[0, \frac{\pi}{2}\right].$$

②直线与直线:

给定两条直线 L_1 和 L_2,分别求出其方向向量 $s_1 = \{l_1, m_1, n_1\}$ 和 $s_2 = \{l_2, m_2, n_2\}$,则

$$L_1 \text{ 和 } L_2 \text{ 的位置关系为} \begin{cases} s_1 /\!/ s_2, \text{即} \dfrac{l_1}{l_2} = \dfrac{m_1}{m_2} = \dfrac{n_1}{n_2} \Rightarrow L_1 \text{ 与 } L_2 \text{ 平行或重合;} \\[2mm] s_1 \perp s_2, \text{即} l_1l_2 + m_1m_2 + n_1n_2 = 0 \Rightarrow L_1 \text{ 与 } L_2 \text{ 垂直.} \end{cases}$$

直线 L_1 和直线 L_2 夹角 φ 的余弦为

$$\cos \varphi = \frac{|s_1 \cdot s_2|}{|s_1||s_2|}, \varphi \in \left[0, \frac{\pi}{2}\right].$$

③平面与直线:

给定直线 L 和平面 π,分别求出直线 L 的方向向量 $s = \{l, m, n\}$ 和平面 π 的法向量 $n = \{A, B, C\}$,则

$$L \text{ 与 } \pi \text{ 的位置关系为} \begin{cases} s /\!/ n, \text{即} \dfrac{l}{A} = \dfrac{m}{B} = \dfrac{n}{C} \Rightarrow L \text{ 与 } \pi \text{ 垂直;} \\[2mm] s \perp n, \text{即} lA + mB + nC = 0 \Rightarrow L \text{ 与 } \pi \text{ 平行;} \\[2mm] s \perp n, \text{即} lA + mB + nC = 0 \Rightarrow L \text{ 在 } \pi \text{ 上;} \\[2mm] \text{以上三种情况均不满足} \Rightarrow L \text{ 与 } \pi \text{ 斜交;} \end{cases}$$

直线 L 和平面 π 夹角 φ 的余弦为

$$\sin \varphi = \frac{|s \cdot n|}{|s||n|}, \varphi \in \left[0, \frac{\pi}{2}\right].$$

(3)点到平面的距离.

点 $P_0(x_0, y_0, z_0)$ 到平面 $Ax + By + Cz + D = 0$ 的距离公式为

$$d = \frac{|Ax_0 + By_0 + Cz_0 + D|}{\sqrt{A^2 + B^2 + C^2}}.$$

6.3.2 典型例题

例 6.3.1 求通过点 $M_1(3, -5, 1)$,$M_2(4, 1, 2)$ 且垂直于平面 $x - 8y + 3z - 1 = 0$ 的平面方程.

解 因为 $\overrightarrow{M_1M_2} = \{1, 6, 1\}$,平面 $x - 8y + 3z - 1 = 0$ 的法向量为 $n_1 = \{1, -8, 3\}$,由题意知所求平面的法向量为

$$n = \overrightarrow{M_1M_2} \times n_1 = \begin{vmatrix} i & j & k \\ 1 & 6 & 1 \\ 1 & -8 & 3 \end{vmatrix} = \{26, -2, -14\} = 2\{13, -1, -7\},$$

由点法式知,所求平面方程为 $13(x-3)-(y+5)-7(z-1)=0$,即 $13x-y-7z-37=0$.

例 6.3.2　求过点 $M_1(3,-2,1)$ 和点 $M_2(-4,0,3)$ 且平行于 x 轴的平面方程.

解　$\overrightarrow{M_1M_2}=\{-7,2,2\}$,$x$ 轴的方向向量可取为 $i=\{1,0,0\}$,由题意知所求平面的法向量可取为

$$n = \overrightarrow{M_1M_2} \times i = \begin{vmatrix} i & j & k \\ -7 & 2 & 2 \\ 1 & 0 & 0 \end{vmatrix} = \{0,2,-2\}.$$

故所求平面方程为 $2(y+2)-2(z-1)=0$,即 $y-z+3=0$.

例 6.3.3　求经过 z 轴和点 $M_0(-3,1,-2)$ 的平面方程.

解　经过 z 轴的平面方程可设为 $Ax+By=0$,由点 $M_0(-3,1,-2)$ 在平面上,可知 $-3A+B=0$,所以 $B=3A$,不妨取 $A=1$,则 $B=3$,故所求平面方程为 $x+3y=0$.

例 6.3.4　求过 $(3,2,1)$ 与直线 $x=y=z$ 垂直的平面方程.

解　平面的法向量 $n=\{1,1,1\}$,又过点 $(3,2,1)$,所以平面方程为

$$1(x-3)+1(y-2)+1(z-1)=0,$$

即 $x+y+z=6$.故应填 $x+y+z=6$.

例 6.3.5　平面 $\dfrac{x}{a}+\dfrac{y}{b}+\dfrac{z}{c}=1$ 与三个坐标面所围成的四面体体积为(　　).

A.abc　　　　　　B.$\dfrac{1}{6}|abc|$　　　　　　C.$\dfrac{1}{3}|abc|$　　　　　　D.$\dfrac{4}{3}|abc|$

解　由题可知,该平面在 x,y,z 轴上的截距分别为 a,b,c,所以

$$V = \frac{1}{2}|ab| \cdot |c| \cdot \frac{1}{3} = \frac{1}{6}|abc|,$$

故选 B.

例 6.3.6　平面 $2x+2y-4z+2=0$ 与平面 $x+y+kz+1=0$ 平行,则 $k=$(　　).

A.2　　　　　　B.-2　　　　　　C.1　　　　　　D.-1

解　因为两平面平行,所以法向量平行,即 $2k=-4$,$k=-2$,故选 B.

例 6.3.7　点 $(2,1,1)$ 到平面 $x+y-z+1=0$ 的距离为＿＿＿＿＿＿.

解　根据点到平面的距离公式知

$$d = \frac{|2+1-1+1|}{\sqrt{1^2+1^2+(-1)^2}} = \frac{3}{\sqrt{3}} = \sqrt{3}.$$

例 6.3.8　求过点 $(2,2,3)$ 且与平面 $3x+y=z+2$ 垂直的直线方程.

解　由题意可知平面法向量为 $n=\{3,1,-1\}$,而所求直线与已知平面垂直,故直线的方向向量为 $s=n=\{3,1,-1\}$,因此直线方程为

$$\frac{x-2}{3} = \frac{y-2}{1} = \frac{z-3}{-1}.$$

例 6.3.9 求直线 $l:\dfrac{x}{1}=\dfrac{y-1}{2}=\dfrac{z-2}{3}$ 与平面 $\pi:x-y+z-3=0$ 的交点.

解 令 $\dfrac{x}{1}=\dfrac{y-1}{2}=\dfrac{z-2}{3}=t$，得直线 l 的参数式方程为 $\begin{cases}x=t\\y=1+2t\\z=2+3t\end{cases}$

代入平面方程 $x-y+z-3=0$，得 $t-(1+2t)+(2+3t)-3=0$，解得 $t=1$，所以直线 l 与平面 π 的交点为 $(1,3,5)$.

例 6.3.10 求通过点 $(1,1,1)$ 且与直线 $\begin{cases}x=2+t\\y=3+2t\\z=5+3t\end{cases}$ 垂直，又与平面 $2x-z-5=0$ 平行的直线方程.

解 直线 $\begin{cases}x=2+t\\y=3+2t\\z=5+3t\end{cases}$ 的方向向量为 $s_0=\{1,2,3\}$，平面 $2x-z-5=0$ 的法向量 $n=\{2,0,-1\}$，

则所求直线的方向向量可取为 $s=s_0\times n=\begin{vmatrix}i&j&k\\1&2&3\\2&0&-1\end{vmatrix}=\{-2,7,-4\}$，故所求直线方程为 $\dfrac{x-1}{-2}=\dfrac{y-1}{7}=\dfrac{z-1}{-4}$.

例 6.3.11 试确定直线 $l_1:\dfrac{x+14}{3}=\dfrac{y}{1}=\dfrac{z+21}{5}$ 与直线 $l_2:\begin{cases}x=\dfrac{1}{3}-9t\\y=1-3t\\z=-\dfrac{1}{3}-15t\end{cases}$ 的位置关系.

解 直线 l_1 的方向向量为 $s_1=\{3,1,5\}$，直线 l_2 的方向向量为 $s_2=\{-9,-3,-15\}$，则有 $\dfrac{-9}{3}=\dfrac{-3}{1}=\dfrac{-15}{5}=-3$，因此 $s_1/\!/s_2$.

因直线 l_2 上的点 $\left(\dfrac{1}{3},1,-\dfrac{1}{3}\right)$ 不在 l_1 上，所以直线 l_1 与 l_2 平行.

例 6.3.12 确定下列平面和直线间的位置关系:

(1) $L_1:\dfrac{x+3}{4}=\dfrac{y+4}{14}=\dfrac{z-2}{-6}$ 与 $a_1:4x-3y-3z+6=0$;

(2) $L_2:\dfrac{x-1}{-3}=\dfrac{y-1}{2}=\dfrac{z-1}{-7}$ 与 $a_2:3x-2y+7z-6=0$;

(3) $L_3:\dfrac{x}{2}=\dfrac{y}{7}=\dfrac{z}{-3}$ 与 $a_3:2x-y-z+1=0$.

解 (1) 直线 L_1 的方向向量 $s_1=\{4,14,-6\}$，平面 a_1 的法向量 $n_1=\{4,-3,-3\}$，$s_1\cdot n_1\neq 0$，$\dfrac{4}{4}\neq\dfrac{14}{-3}\neq\dfrac{-6}{-3}$，所以 L_1 与 a_1 斜交;

(2) 直线 L_2 的方向向量 $s_2=\{-3,2,-7\}$，平面 a_2 的法向量 $n_2=\{3,-2,7\}$，$s_2=-n_2$，所以

L_2 与 a_2 垂直;

(3) 直线 L_3 的方向向量 $s_3 = \{2,7,-3\}$, 平面 a_3 的法向量 $n_3 = \{2,-1,-1\}$, $s_3 \cdot n_3 = 0$, 所以 L_3 与 a_3 平行或 L_3 在 a_3 内. 又点 $(0,0,0) \in L_3$, 但 $(0,0,0) \notin \alpha_3$, 故 L_3 与 a_3 平行.

6.3.3　基础精练

精练 6.3.1　将平面方程 $x+2y-z+4=0$ 化为截距式.

精练 6.3.2　求过点 $(2,0,-3)$ 且与直线 $\begin{cases} 2x-2y+4z-7=0 \\ 3x+5y-2z+1=0 \end{cases}$ 垂直的平面方程.

精练 6.3.3　通过点 $A(-3,0,1)$ 和点 $B(2,-5,1)$ 的直线.

精练 6.3.4　求过点 $M(2,1,6)$ 且与两平面 $\prod_1 : x+2z=1$ 与 $\prod_2 : y-3z=2$ 均平行的直线方程.

精练 6.3.5　求平面 $x+y-11=0$ 与平面 $3x+8=0$ 的夹角.

6.3.4　真题演练

演练 6.3.1　求过点 $(3,-2,2)$ 与直线 $x=\dfrac{y}{2}=z$ 垂直的平面方程.

演练 6.3.2 求平行于 y 轴且经过两点 $(4,0,-2)$，$(5,1,7)$ 的平面方程.

演练 6.3.3 求通过三点 $(0,0,0)$，$(1,0,1)$，$(2,1,0)$ 的平面方程.

演练 6.3.4 直线 $l:\dfrac{x+3}{-2}=\dfrac{y+4}{-7}=\dfrac{z}{3}$ 与平面 $\pi:4x+2y-2z-3=0$ 的位置关系是（　　　　）.

A.平行　　　　　　　B.垂直相交　　　　　　C.l 在 π 上　　　　　　D.相交但不垂直

演练 6.3.5 求过点 $(-1,-4,3)$ 并与两直线 $L_1:\begin{cases}2x-4y+z=1\\x+3y=-5\end{cases}$ 和 $L_2:\begin{cases}x=2+4t\\y=-1-t\\z=-3+2t\end{cases}$ 都垂直的直线方程.

演练 6.3.6 已知 $\triangle ABC$ 的三个顶点的坐标分别为 $A(1,2,3)$，$B(3,4,5)$，$C(2,4,7)$，求：$(1)\triangle ABC$ 所在的平面方程；$(2)AB$ 边上的中线 CD 所在的直线方程.

演练 6.3.7 直线 $L_1:x-1=\dfrac{y-5}{-2}=z+8$ 与直线 $L_2:\begin{cases}x-y=6\\2y+z=3\end{cases}$ 的夹角为_____.

A.$\dfrac{\pi}{6}$　　　　　　　B.$\dfrac{\pi}{4}$　　　　　　　C.$\dfrac{\pi}{3}$　　　　　　　D.$\dfrac{\pi}{2}$

演练 6.3.8 直线 $l:\dfrac{x+3}{-2}=\dfrac{y+4}{-7}=\dfrac{z}{3}$ 与平面 $\pi:4x-2y-2z-3=0$ 的位置关系是_____.

A.平行　　　　　　　B.垂直相交　　　　　　C.l 在 π 上　　　　　　D.相交但不垂直

§6.4　常见空间曲面

6.4.1　重要概念、结论与方法

1) 球面方程

$(x-x_0)^2+(y-y_0)^2+(z-z_0)^2=R^2$,其中$(x_0,y_0,z_0)$为球面的球心,$R$为球面的半径.

2) 柱面方程

(1) 柱面:直线l沿定曲线C平行移动形成的轨迹称为柱面,定曲线C称为柱面的准线,动直线l称为柱面的母线.

(2) 常见的母线平行于坐标轴的柱面方程有:

圆柱面 $x^2+y^2=a^2$;　　　　　　抛物柱面 $x^2=ay$;

椭圆柱面 $\dfrac{x^2}{a^2}+\dfrac{y^2}{b^2}=1$;　　　　双曲柱面 $\dfrac{x^2}{a^2}-\dfrac{y^2}{b^2}=1$.

3) 旋转曲面方程

(1) 旋转曲面:以一条平面曲线绕其平面上的一条直线旋转一周所成的曲面称为旋转曲面,旋转曲线和定直线分别称为旋转曲面的母线和旋转轴.

(2) 常见的旋转轴为坐标轴的旋转曲面方程有:

圆锥面 $x^2+y^2=a^2z^2$;　　　　　　旋转椭球面 $\dfrac{x^2}{a^2}+\dfrac{y^2}{a^2}+\dfrac{z^2}{c^2}=1$;

旋转抛物面 $x^2+y^2=az$($a>0$时抛物面开口向上,$a<0$时抛物面开口向下);

旋转单叶双曲面 $\dfrac{x^2+y^2}{a^2}-\dfrac{z^2}{c^2}=1$;　旋转双叶双曲面 $\dfrac{x^2}{a^2}-\dfrac{y^2+z^2}{c^2}=1$.

4) 重要结论与方法

(1) 一般地,如果方程中缺z,即$f(x,y)=0$,表示准线在xOy坐标面上,母线平行于z轴的柱面.类似地,方程$g(y,z)=0$表示母线平行于x轴的柱面方程,$h(x,z)=0$表示母线平行于y轴的柱面方程.

(2) 若曲面方程中,变量x^2,y^2,z^2中有两个变量系数相同,且不含x,y,z的交叉项,则此曲面为旋转曲面,且其旋转轴为第三个变量所代表的坐标轴.

(3) 旋转曲面方程的表示:

yOz坐标面上曲线$\begin{cases}f(y,z)=0\\x=0\end{cases}$绕$z$轴旋转得到的曲面方程为

$$f(\pm\sqrt{x^2+y^2},z)=0;$$

绕y旋转得到的曲面方程为

$$f(y,\pm\sqrt{z^2+x^2})=0.$$

其余情况类似可得.

（4）椭球面.

方程 $\dfrac{x^2}{a^2}+\dfrac{y^2}{b^2}+\dfrac{z^2}{c^2}=1(a,b,c>0)$ 对应的曲面称为椭球面，a,b,c 称为椭球面的半轴长.几种常见中心在原点的椭球面方程如下：

①$a=b=c$ 时，$x^2+y^2+z^2=a^2$ 表示球面；

②$a=b\neq c$ 时，$\dfrac{x^2}{a^2}+\dfrac{y^2}{a^2}+\dfrac{z^2}{c^2}=1$ 表示旋转椭球面($a\neq b=c,a=c\neq b$ 类似)；

③$a\neq b\neq c$ 时，$\dfrac{x^2}{a^2}+\dfrac{y^2}{b^2}+\dfrac{z^2}{c^2}=1$ 表示椭球面.

（5）双曲面.

①$a\neq b\neq c$ 时，$\dfrac{x^2}{a^2}+\dfrac{y^2}{b^2}-\dfrac{z^2}{c^2}=1$、$-\dfrac{x^2}{a^2}+\dfrac{y^2}{b^2}+\dfrac{z^2}{c^2}=1$、$\dfrac{x^2}{a^2}-\dfrac{y^2}{b^2}+\dfrac{z^2}{c^2}=1$ 均表示单叶双曲面；

②$a\neq b\neq c$ 时，$-\dfrac{x^2}{a^2}-\dfrac{y^2}{b^2}+\dfrac{z^2}{c^2}=1$、$\dfrac{x^2}{a^2}-\dfrac{y^2}{b^2}-\dfrac{z^2}{c^2}=1$、$-\dfrac{x^2}{a^2}+\dfrac{y^2}{b^2}-\dfrac{z^2}{c^2}=1$ 均表示双叶双曲面.

6.4.2 典型例题

例 6.4.1 设 $(x-1)^2+(y+2)^2+(z-3)^2=4$，则该球的球心坐标与半径分别为（   ）.

A.$(1,2,-3),2$　　　B.$(-1,2,-3),4$　　　C.$(1,-2,3),2$　　　D.$(1,-2,3),4$

解 $(x-1)^2+[y-(-2)]^2+(z-3)^2=2^2$，所以该球的球心与半径分别为 $(1,-2,3),2$.故选 C.

例 6.4.2 方程 $y^2-4z^2=1$ 在空间解析几何中表示（   ）.

A.抛物柱面　　　　B.椭圆柱面　　　　C.双曲柱面　　　　D.圆锥面

解 方程 $y^2-4z^2=1$ 满足双曲柱面 $-\dfrac{z^2}{a^2}+\dfrac{y^2}{b^2}=1$ 的形式，故方程 $y^2-4z^2=1$ 在空解析几何中表示双曲柱面.故选 C.

例 6.4.3 方程 $x^2+y^2-z^2=0$ 表示的二次曲面是（   ）.

A.球面　　　　　　B.旋转抛物面　　　　C.圆柱面　　　　D.圆锥面

解 因方程可化为 $z^2=x^2+y^2$，由方程知它表示的是圆锥面.故选 D.

例 6.4.4 方程 $z=x^2+y^2$ 表示的曲面是（   ）.

A.椭球面　　　　　B.旋转抛物面　　　　C.球面　　　　D.圆锥面

解 旋转抛物面方程为 $x^2+y^2=az$，表示开口向上的旋转抛物面.故选 B.

例 6.4.5 方程 $\dfrac{x^2}{2}+\dfrac{y^2}{2}-z^2=-1$ 在空间解析几何中表示（   ）.

A.圆锥面　　　　　B.旋转双叶双曲面　　　　C.旋转单叶双曲面　　　　D.旋转抛物面

解 方程形式化为 $-\dfrac{x^2}{2}-\dfrac{y^2}{2}+z^2=1$，满足旋转双叶双曲面方程 $-\dfrac{x^2+y^2}{a^2}+\dfrac{z^2}{c^2}=1$，故选 B.

例 6.4.6 曲线 $l:\begin{cases}2y^2+3z^2=1\\x=0\end{cases}$ 绕 y 轴旋转一周所生成的旋转曲面方程为_____，该二次曲面称为_____.

解　曲线绕 y 轴旋转时,将 z 换成 $\pm\sqrt{x^2+z^2}$,可得 $2y^2+3x^2+3z^2=1$,该方程表示的曲面为旋转椭球面.故应填 $2y^2+3x^2+3z^2=1$,旋转椭球面.

6.4.3　基础精练

精练 6.4.1　求下列各球面的方程:
(1)中心在原点,且经过点 $(6,-2,3)$;
(2)某条直径的两端点是 $(2,-3,5)$ 与 $(4,1,-3)$.

精练 6.4.2　求下列旋转曲面的方程.
(1) xOz 面上的抛物线 $z^2=4x$,绕 x 轴旋转一周;
(2) xOy 面上的双曲线 $4x^2-9y^2=36$,分别绕 x 轴及 y 轴旋转一周.

精练 6.4.3　指明下列方程在空间中表示的图形.

(1) $x^2+y^2-2x=0$;　　　　(2) $\dfrac{x^2}{4}+\dfrac{y^2}{9}=1$;　　　　(3) $y^2=4$;

(4) $\dfrac{x^2+y^2}{-3}+\dfrac{z^2}{4}=1$;　　　　(5) $(z-a)^2=x^2+y^2$;　　　　(6) $y^2=x-z^2$.

6.4.4　真题演练

演练 6.4.1　在空间中,方程 $\dfrac{x^2}{16}-\dfrac{y^2}{4}=1$ 表示的是(　　　).

A.双曲柱面　　　　B.椭圆柱面　　　　C.单叶双曲面　　　　D.双叶双曲面

演练 6.4.2　方程 $x^2+y^2+z^2=2$ 表示的二次曲面是(　　　).

A.椭球面　　　　B.抛物面　　　　C.锥面　　　　D.柱面

演练 6.4.3　空间中方程 $z=y+f(y)$ 表示(　　　).

A.母线平行于 x 轴的柱面　　　　　　B.母线平行于 y 轴的柱面

C.母线平行于 z 轴的柱面　　　　　　D.旋转曲面

演练 6.4.4　方程 $z=\dfrac{x^2}{7}+\dfrac{y^2}{7}$ 表示旋转曲面,它的旋转轴是_____.

第 7 章

多元函数微分学与二重积分

[考试大纲]

1) 多元函数微分学

(1) 了解多元函数的概念、二元函数的几何意义、二元函数的极限与连续的概念, 会求二元函数的定义域.

(2) 理解偏导数的概念, 掌握多元函数的一、二阶偏导数的求法.

(3) 了解全微分的概念, 理解全微分存在的必要条件与充分条件, 会求多元函数的全微分.

(4) 掌握多元复合函数的求导法则.

(5) 了解隐函数存在定理, 会求由方程 $F(x,y,z)=0$ 所确定的隐函数 $z=z(x,y)$ 的一阶偏导数.

(6) 会求空间曲线的切线和法平面方程(仅限参数方程情形), 会求空间曲面的切平面和法线方程.

(7) 会求二元函数的极值. 会用拉格朗日乘数法求解实际问题的最值.

2) 二重积分

(1) 了解二重积分的概念, 理解二重积分的几何意义, 掌握二重积分的性质.

(2) 熟练掌握二重积分在直角坐标系和极坐标系下的计算方法, 会交换二次积分的积分次序.

(3) 会用二重积分计算空间立体的体积.

[知识结构框图]

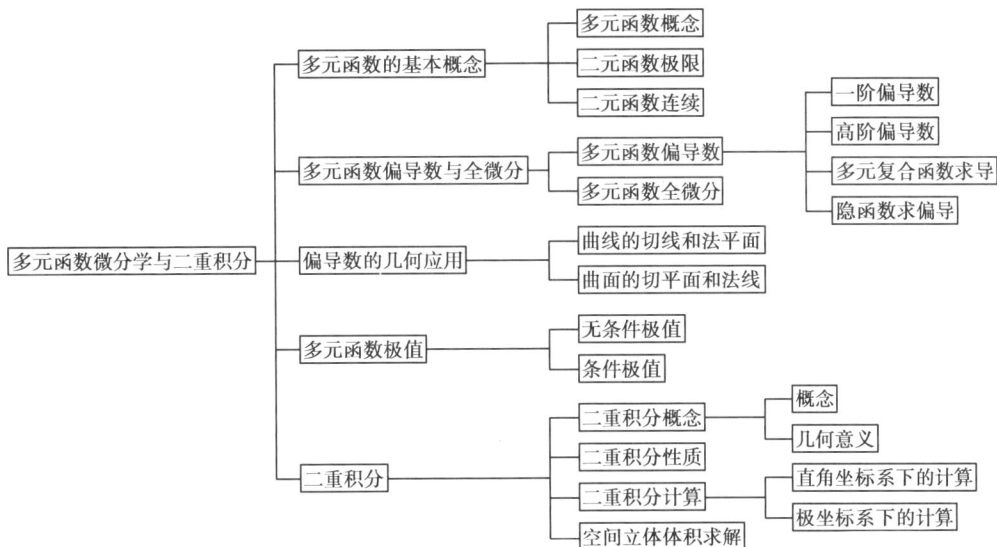

§7.1 二元函数的概念、极限与连续

7.1.1 重要概念、结论与方法

1) 二元函数的概念

设有 3 个变量 x,y 和 z,如果当变量 x,y 在它们的变化范围 D 中任意取一对值 (x,y) 时,按照给定的对应关系 f,变量 z 都有唯一确定的数值与它们对应,则称 z 是关于 x,y 的**二元函数**,记为 $z=f(x,y)$.其中 x,y 称为**自变量**,z 称为**因变量**.D 称为函数的**定义域**,所有函数值的集合 $\{z \mid z=f(x,y),(x,y)\in D\}$ 称为函数的**值域**.

2) n 元函数的概念

一般地,将二元函数定义中的平面点集 D 换成 n 维空间 R^n 内的点集 D,映射 $f:D \rightarrow \mathbf{R}$ 就称为定义在 D 上的 **n 元函数**,通常记为 $u=f(x_1,x_2,\cdots,x_n),(x_1,x_2,\cdots,x_n)\in D$.

3) 二元函数的几何意义

二元函数 $z=f(x,y)$ 在空间直角坐标系中一般表示一个空间曲面.函数定义域 D 是该曲面在 xOy 面上的投影.

4) 二元函数的极限

设函数 $z=f(x,y)$ 在点 $P_0(x_0,y_0)$ 的某一邻域内有定义(点 P_0 可以除外),如果当点 $P(x,y)$ 以任意方式无限趋向于点 $P_0(x_0,y_0)$ 时,对应的函数值 $f(x,y)$ 趋向于一个确定的常数 A,则称 A 为函数 $z=f(x,y)$ 当 $(x,y)\rightarrow(x_0,y_0)$ 时的极限.记为 $\lim\limits_{\substack{x\rightarrow x_0 \\ y\rightarrow y_0}} f(x,y)=A$ 或 $\lim\limits_{P\rightarrow P_0} f(x,y)=A$.

5)二元函数连续

设函数 $z=f(x,y)$ 在点 $P_0(x_0,y_0)$ 的某个邻域内有定义,如果当点 $P(x,y)$ 趋向于点 $P_0(x_0,y_0)$ 时,函数 $z=f(x,y)$ 的极限存在,且等于它在点 P_0 处的函数值,即

$$\lim_{\substack{x \to x_0 \\ y \to y_0}} f(x,y) = f(x_0,y_0).$$

则称函数 $z=f(x,y)$ 在点 $P_0(x_0,y_0)$ 处**连续**.

7.1.2 典型例题

例 7.1.1 设 $f(x+y,x-y)=\dfrac{x^2-y^2}{2xy}$,则 $f(x,y)=$ _____.

解 $f(x,y)=\dfrac{2xy}{x^2-y^2}$. 令 $u=x+y, v=x-y$,则 $x=\dfrac{u+v}{2}, y=\dfrac{u-v}{2}$,代入 $f(x,y)$ 有 $f(u,v)=$

$\dfrac{\left(\dfrac{u+v}{2}\right)^2-\left(\dfrac{u-v}{2}\right)^2}{2 \cdot \dfrac{u+v}{2} \cdot \dfrac{u-v}{2}}=\dfrac{uv}{\dfrac{u^2-v^2}{2}}=\dfrac{2uv}{u^2-v^2}$,所以 $f(x,y)=\dfrac{2xy}{x^2-y^2}$.

例 7.1.2 函数 $z=\dfrac{\arcsin 2x}{\ln(1-x^2-y^2)}$ 的定义域为_____.

解 $\begin{cases} \ln(1-x^2-y^2) \neq 0 \\ 1-x^2-y^2 > 0 \\ -1 \leqslant 2x \leqslant 1 \end{cases}$,则 $\begin{cases} x^2+y^2 \neq 0 \\ x^2+y^2 < 1 \\ -\dfrac{1}{2} \leqslant x \leqslant \dfrac{1}{2} \end{cases}$,即 $\begin{cases} 0 < x^2+y^2 < 1 \\ -\dfrac{1}{2} \leqslant x \leqslant \dfrac{1}{2} \end{cases}$,所以定义域

为 $\left\{ (x,y) \mid 0 < x^2+y^2 < 1 且 -\dfrac{1}{2} \leqslant x \leqslant \dfrac{1}{2} \right\}$.

例 7.1.3 求极限 $\lim\limits_{\substack{x \to 0 \\ y \to 0}} \dfrac{xy}{2-\sqrt{xy+4}}$.

解 $\lim\limits_{\substack{x \to 0 \\ y \to 0}} \dfrac{xy}{2-\sqrt{xy+4}} = \lim\limits_{\substack{x \to 0 \\ y \to 0}} \dfrac{(2+\sqrt{xy+4})xy}{-xy} = -\lim\limits_{\substack{x \to 0 \\ y \to 0}} (2+\sqrt{xy+4}) = -4$.

例 7.1.4 讨论 $f(x,y)=\begin{cases} (x^2+y^2)\ln(x^2+y^2), & x^2+y^2 \neq 0 \\ 0, & x^2+y^2 = 0 \end{cases}$ 在点 $(0,0)$ 处的连续性.

解 令 $u=x^2+y^2$,则 $(x,y) \to (0,0)$ 时,$u \to 0^+$,故

$$\lim_{(x,y) \to (0,0)} f(x,y) = \lim_{(x,y) \to (0,0)} (x^2+y^2)\ln(x^2+y^2) = \lim_{u \to 0^+} u \ln u = \lim_{u \to 0^+} \dfrac{\ln u}{\dfrac{1}{u}} = \lim_{u \to 0^+} \dfrac{\dfrac{1}{u}}{-\dfrac{1}{u^2}} = 0 = f(0,0).$$ 所

以 $f(x,y)$ 在点 $(0,0)$ 处连续.

7.1.3　基础精练

精练 7.1.1　已知 $f(x,y) = \dfrac{xy}{x^2+y^2}$，求 $f\left(\dfrac{y}{x}, 1\right)$.

精练 7.1.2　求下列函数的定义域：

（1）$z = \ln(x+y)$；

（2）$z = \sqrt{4-x^2-y^2} + \dfrac{1}{\sqrt{x^2+y^2-1}}$；

（3）$z = \dfrac{1}{\sqrt{x+y}} + \dfrac{1}{\sqrt{y-x}}$；

（4）$z = \arcsin\dfrac{x^2+y^2}{4} + \dfrac{1}{\ln(x^2+y^2)}$.

精练 7.1.3　求下列极限：

（1）$\lim\limits_{\substack{x\to 1 \\ y\to 2}} \dfrac{3xy+x^2y^2}{x+y}$；

（2）$\lim\limits_{\substack{x\to 0 \\ y\to 1}} \arcsin\sqrt{x^2+y^2}$；

（3）$\lim\limits_{\substack{x\to 0 \\ y\to 0}} \dfrac{\sqrt{xy+1}-1}{xy}$；

（4）$\lim\limits_{\substack{x\to 0 \\ y\to 0}} \dfrac{\sin(xy)}{x}$.

精练 7.1.4　试讨论函数 $f(x,y) = \dfrac{1}{2-x^2-y^2}$ 的间断点.

7.1.4 真题演练

演练 7.1.1 设 $f(x,y)=\ln(x-\sqrt{x^2-y^2})$，其中 $x>y>0$，则 $f(x+y,x-y)=($ $)$.

A.$\ln(\sqrt{x}-\sqrt{y})$ B.$2\ln(\sqrt{x}-\sqrt{y})$ C.$\dfrac{1}{2}(\ln\sqrt{x}-\ln\sqrt{y})$ D.$2\ln(x-y)$

演练 7.1.2 函数 $z=\sqrt{x-1}+\ln\left(y+\dfrac{1}{2}\right)$ 的定义域为(   ).

演练 7.1.3 极限 $\lim\limits_{\substack{x\to 0\\ y\to 0}}\dfrac{2x^2y}{x^4+y^2}=($ $)$.

A.等于 0   B.等于 1   C.存在且等于 0 或 1   D.不存在

演练 7.1.4 设函数 $f(x,y)=\begin{cases}\dfrac{xy}{x^2+y^2},&x^2+y^2\neq 0\\ 0,&x^2+y^2=0\end{cases}$，讨论函数 $f(x,y)$ 在其定义域内的连续性.

§7.2 偏导数和全微分

7.2.1 重要概念、结论与方法

1) 偏导数概念

设函数 $z=f(x,y)$ 在点 $P(x_0,y_0)$ 的某一邻域内有定义.若

$$\lim_{\Delta x\to 0}\frac{f(x_0+\Delta x,y_0)-f(x_0,y_0)}{\Delta x}$$

存在,则称此极限值为函数 $z=f(x,y)$ 在点 $P(x_0,y_0)$ 处对 x 的偏导数,记为

$$z'_x(x_0,y_0),\ \frac{\partial z}{\partial x}\bigg|_{(x_0,y_0)},\ f'_x(x_0,y_0),\ \text{或}\ \frac{\partial f}{\partial x}\bigg|_{\substack{x=x_0\\y=y_0}},$$

即 $\dfrac{\partial z}{\partial x}\bigg|_{(x_0,y_0)}=\lim\limits_{\Delta x\to 0}\dfrac{\Delta_x z}{\Delta x}=\lim\limits_{\Delta x\to 0}\dfrac{f(x_0+\Delta x,y_0)-f(x_0,y_0)}{\Delta x}$.

同理,可定义 $z=f(x,y)$ 在点 $P(x_0,y_0)$ 处对 y 的偏导数:

$$\frac{\partial z}{\partial y}\bigg|_{(x_0,y_0)}=\lim_{\Delta y\to 0}\frac{\Delta_y z}{\Delta y}=\lim_{\Delta y\to 0}\frac{f(x_0,y_0+\Delta y)-f(x_0,y_0)}{\Delta y}.$$

2) 偏导函数

如果函数 $z=f(x,y)$ 在区域 D 内每一点 (x,y) 处对 x 的偏导数都存在，那么这个偏导数就是 x,y 的函数，它就称为函数 $z=f(x,y)$ **对自变量 x 的偏导函数**，记作 $\dfrac{\partial z}{\partial x}, \dfrac{\partial f}{\partial x}, z'_x$ 或 $f'_x(x,y)$．类似地，可定义函数 $z=f(x,y)$ **对自变量 y 的偏导函数**，记作 $\dfrac{\partial z}{\partial y}, \dfrac{\partial f}{\partial y}, z'_y$ 或 $f'_y(x,y)$．（偏导数的记号如 $\dfrac{\partial z}{\partial x}$ 是一个整体记号，不能看成分子与分母之商．）

函数的各偏导数在某点存在与该函数在此点的连续性两者之间没有必然的关系．

3) 偏导数计算

由偏导数的定义可知，若 $z=f(x,y)$，欲求 z 对 x 的偏导数 $\dfrac{\partial z}{\partial x}$，只须将 y 看作常数，即将 $z=f(x,y)$ 看作关于 x 的一元函数，再按照一元函数的求导法则求 $\dfrac{\partial z}{\partial x}$ 即可．

4) 偏导数可转化为一元函数的导数

若 $f(x,y_0)$ 关于 x 在点 $x=x_0$ 处可导，则 $\left.\dfrac{\partial f}{\partial x}\right|_{(x_0,y_0)} = \dfrac{\mathrm{d}}{\mathrm{d}x} f(x,y_0)|_{x=x_0}$．

若 $f(x_0,y)$ 关于 y 在点 $y=y_0$ 处可导，则 $\left.\dfrac{\partial f}{\partial y}\right|_{(x_0,y_0)} = \dfrac{\mathrm{d}}{\mathrm{d}y} f(x_0,y)|_{y=y_0}$．

5) 高阶偏导数

设函数 $z=f(x,y)$ 在区域 D 内具有偏导数 $\dfrac{\partial z}{\partial x}=f'_x(x,y), \dfrac{\partial z}{\partial y}=f'_y(x,y)$，那么在 D 内 $f'_x(x,y), f'_y(x,y)$ 都是 x,y 的函数．如果这两个函数的偏导数也存在，则称它们是函数 $z=f(x,y)$ 的**二阶偏导数**．按照对变量求导次序的不同，有 4 个二阶偏导数：

$$\frac{\partial}{\partial x}\left(\frac{\partial z}{\partial x}\right) = \frac{\partial^2 z}{\partial x^2} = f''_{xx}(x,y) = f''_{11}(x,y), \quad \frac{\partial}{\partial y}\left(\frac{\partial z}{\partial x}\right) = \frac{\partial^2 z}{\partial x \partial y} = f''_{xy}(x,y) = f''_{12}(x,y),$$

$$\frac{\partial}{\partial x}\left(\frac{\partial z}{\partial y}\right) = \frac{\partial^2 z}{\partial y \partial x} = f''_{yx}(x,y) = f''_{21}(x,y), \quad \frac{\partial}{\partial y}\left(\frac{\partial z}{\partial y}\right) = \frac{\partial^2 z}{\partial y^2} = f''_{yy}(x,y) = f''_{22}(x,y),$$

其中第二、三两个偏导数称为混合偏导数．同样可得 3 阶、4 阶以及 n 阶偏导数．2 阶及 2 阶以上的偏导数统称为**高阶偏导数**．

如果函数 $z=f(x,y)$ 的两个二阶混合偏导数 $\dfrac{\partial^2 z}{\partial x \partial y}$ 及 $\dfrac{\partial^2 z}{\partial y \partial x}$ 在区域 D 内连续，那么在该区域内这两个二阶混合偏导数必相等．

6) 全微分

设函数 $z=f(x,y)$ 在点 (x_0,y_0) 的某一邻域内有定义，且函数在该点处的全增量 Δz 可表示为 $\Delta z = A\Delta x + B\Delta y + \omega$，其中 A,B 与 $\Delta x, \Delta y$ 无关，ω 是 $\rho = \sqrt{(\Delta x)^2 + (\Delta y)^2}$ 的高阶无穷小，即 $\lim\limits_{\rho \to 0} \dfrac{\omega}{\rho} = 0$，则称 $A\Delta x + B\Delta y$ 为函数 $z=f(x,y)$ 在点 (x_0,y_0) 的**全微分**，记作 $\mathrm{d}z$，即 $\mathrm{d}z = A\Delta x + B\Delta y$．这时也称函数 $z=f(x,y)$ 在点 (x_0,y_0) 处**可微**．

7) 可微的必要条件

如果函数 $z=f(x,y)$ 在点 (x,y) 可微,则

(1) $f(x,y)$ 在点 (x,y) 处连续;

(2) $f(x,y)$ 在点 (x,y) 处偏导存在,且 $A=\dfrac{\partial z}{\partial x},B=\dfrac{\partial z}{\partial y}$,即 $z=f(x,y)$ 在点 (x,y) 的全微分为

$$\mathrm{d}z=\frac{\partial z}{\partial x}\mathrm{d}x+\frac{\partial z}{\partial y}\mathrm{d}y.$$

8) 可微的充分条件

如果函数 $z=f(x,y)$ 在点 (x,y) 的某一领域内偏导数 $\dfrac{\partial z}{\partial x},\dfrac{\partial z}{\partial y}$ 连续,则函数在该点处可微.

7.2.2 典型例题

例 7.2.1 设 $f(x,y)$ 在点 (a,b) 处有偏导数,则 $\lim\limits_{h\to 0}\dfrac{f(a+2h,b)-f(a-4h,b)}{h}=$ ( ).

A. $2f'_x(a,b)$　　　　B. $2f'_y(a,b)$　　　　C. $6f'_x(a,b)$　　　　D. $6f'_y(a,b)$

解 选 C.

$$\lim_{h\to 0}\frac{f(a+2h,b)-f(a-4h,b)}{h}=\lim_{h\to 0}\frac{f(a+2h,b)-f(a,b)+f(a,b)-f(a-4h,b)}{h}$$

$$=2\lim_{h\to 0}\frac{f(a+2h,b)-f(a,b)}{2h}+4\lim_{h\to 0}\frac{f(a-4h,b)-f(a,b)}{-4h}$$

$$=2f'_x(a,b)+4f'_x(a,b)=6f'_x(a,b).$$

例 7.2.2 设 $f(x,y)=\mathrm{e}^{xy}+(y^2-1)\arctan(xy)$,则 $f'_x(x,1)=$ ( ).

解 e^x.将 $y=1$ 代入得 $f(x,1)=\mathrm{e}^x$,因此 $f'_x(x,1)=\mathrm{e}^x$.

例 7.2.3 若 $z=\ln\sqrt{x^2+y^2}$,则 $x\dfrac{\partial z}{\partial x}+y\dfrac{\partial z}{\partial y}=$ _____ .

解 $\dfrac{\partial z}{\partial x}=\dfrac{1}{\sqrt{x^2+y^2}}\cdot\dfrac{1}{2\sqrt{x^2+y^2}}\cdot 2x=\dfrac{x}{x^2+y^2}$,$\dfrac{\partial z}{\partial y}=\dfrac{1}{\sqrt{x^2+y^2}}\cdot\dfrac{1}{2\sqrt{x^2+y^2}}\cdot 2y=\dfrac{y}{x^2+y^2}$.

代入 $x\dfrac{\partial z}{\partial x}+y\dfrac{\partial z}{\partial y}$,得 $x\dfrac{\partial z}{\partial x}+y\dfrac{\partial z}{\partial y}=\dfrac{x^2}{x^2+y^2}+\dfrac{y^2}{x^2+y^2}=1$.

例 7.2.4 设函数 $z=x\mathrm{e}^x\sin y$,求 $\dfrac{\partial^2 z}{\partial x^2},\dfrac{\partial^2 z}{\partial y^2},\dfrac{\partial^2 z}{\partial x\partial y}$ 及 $\dfrac{\partial^2 z}{\partial y\partial x}$.

解 先求 $\dfrac{\partial z}{\partial x}=\mathrm{e}^x\sin y+x\mathrm{e}^x\sin y=\mathrm{e}^x(x+1)\sin y$,$\dfrac{\partial z}{\partial y}=x\mathrm{e}^x\cos y$,所以 $\dfrac{\partial^2 z}{\partial x^2}=\dfrac{\partial}{\partial x}\left(\dfrac{\partial z}{\partial x}\right)=\mathrm{e}^x\sin y+$

$\mathrm{e}^x(x+1)\sin y=\mathrm{e}^x(x+2)\sin y$,$\dfrac{\partial^2 z}{\partial y^2}=\dfrac{\partial}{\partial y}\left(\dfrac{\partial z}{\partial y}\right)=-x\mathrm{e}^x\sin y$,$\dfrac{\partial^2 z}{\partial x\partial y}=\dfrac{\partial}{\partial y}\left(\dfrac{\partial z}{\partial x}\right)=\mathrm{e}^x(x+1)\cos y$,$\dfrac{\partial^2 z}{\partial y\partial x}=$

$\dfrac{\partial}{\partial x}\left(\dfrac{\partial z}{\partial y}\right)=\mathrm{e}^x\cos y+x\mathrm{e}^x\cos y=\mathrm{e}^x(x+1)\cos y$.

例 7.2.5 求函数 $z=x^2\ln\sqrt{1+y^2}$ 在点 $(1,1)$ 处的全微分.

解 $\dfrac{\partial z}{\partial x}=2x\ln\sqrt{1+y^2}$,$\dfrac{\partial z}{\partial y}=x^2\cdot\dfrac{1}{\sqrt{1+y^2}}\cdot\dfrac{2y}{2\sqrt{1+y^2}}=\dfrac{x^2 y}{1+y^2}$,则 $\dfrac{\partial z}{\partial x}\bigg|_{(1,1)}=\ln 2$,$\dfrac{\partial z}{\partial y}\bigg|_{(1,1)}=\dfrac{1}{2}$,所以

$$dz\big|_{(1,1)}=\ln 2dx+\frac{1}{2}dy.$$

例 7.2.6　设 $z=f(x^2-y^2)$，其中 f 可微，求 dz.

解　$\dfrac{\partial z}{\partial x}=2xf'(x^2-y^2)$，$\dfrac{\partial z}{\partial y}=-2yf'(x^2-y^2)$，则 $dz=\dfrac{\partial z}{\partial x}dx+\dfrac{\partial z}{\partial y}dy=2xf'(x^2-y^2)dx-2yf'(x^2-y^2)dy.$

7.2.3　基础精练

精练 7.2.1　求下列函数对各自变量的一阶偏导数：

（1）$z=xy^2+x^2y$；
（2）$z=\arcsin(xy)$；

（3）$z=x^{2y}$；
（4）$z=\sqrt{1-x^2-y^2}$.

精练 7.2.2　求下列函数的所有二阶偏导数：

（1）$z=x^3-4x^2y^2+y^4$；
（2）$z=\sqrt{xy}$；

（3）$z=\ln(x^2+y^2)$；
（4）$z=\sin^2(2x+3y)$.

精练 7.2.3　设 $z=x\ln(xy)$，求 $\dfrac{\partial^2 z}{\partial y\partial x}$，$\dfrac{\partial^3 z}{\partial x^2\partial y}$.

精练 7.2.4 设 $u=\sqrt{x^2+y^2+z^2}$，证明 $\dfrac{\partial^2 u}{\partial x^2}+\dfrac{\partial^2 u}{\partial y^2}+\dfrac{\partial^2 u}{\partial z^2}=\dfrac{2}{u}$.

精练 7.2.5 计算下列函数的全微分.

（1）$z=x\cos y$；

（2）$z=y^3+\ln(xy)$；

（3）$z=\sin(x+y)$；

（4）$z=\sqrt{x^2+y^2}$.

7.2.4 真题演练

演练 7.2.1 求 $z=\ln(x^2+y^2+1)$ 在点 $(1,2)$ 处的一阶偏导数.

演练 7.2.2 设 $z=\dfrac{1}{x}f(xy)+yf(x+y)$，其中 f 的二阶导数连续，求 $\dfrac{\partial^2 z}{\partial x\partial y}$.

演练 7.2.3 已知 $f(x,y)=x+(y-1)\arcsin\sqrt{\dfrac{x}{y}}$，则 $f'_x(2,1)=($ $)$.

演练 7.2.4　设函数 $z=f(x+2y,xy)$，其中 f 具有二阶连续偏导数，求 $\dfrac{\partial z}{\partial x}$ 及 $\dfrac{\partial^2 z}{\partial x \partial y}$.

演练 7.2.5　设 $z=\cos(xy)+\ln(x^2-xy+y^2)$，求 $\mathrm{d}z\big|_{(0,1)}$.

演练 7.2.6　设 $z=f(x^2-y^2,\mathrm{e}^{2x})$，$f$ 具有一阶连续偏导数，求 $\mathrm{d}z$.

§7.3　多元复合函数求导

7.3.1　重要概念、结论与方法

1）复合函数的中间变量均为一元函数的情形

如果函数 $u=\varphi(t)$ 及 $v=\psi(t)$ 都在点 t 可导，函数 $z=f(u,v)$ 在对应点 (u,v) 具有连续偏导数，则复合函数 $z=f(\varphi(t),\psi(t))$ 在点 t 可导，且有 $\dfrac{\mathrm{d}z}{\mathrm{d}t}=\dfrac{\partial z}{\partial u}\dfrac{\mathrm{d}u}{\mathrm{d}t}+\dfrac{\partial z}{\partial v}\dfrac{\mathrm{d}v}{\mathrm{d}t}$.

注：由于 z 为 t 的一元函数，故常称 z 对 t 的导数 $\dfrac{\mathrm{d}z}{\mathrm{d}t}$ 为全导数.

2）复合函数的中间变量均为多元函数的情形

如果函数 $u=\varphi(x,y)$ 及 $v=\psi(x,y)$ 都在点 (x,y) 具有对 x 及对 y 的偏导数，函数 $z=f(u,v)$ 在对应点 (u,v) 具有连续偏导数，则复合函数 $z=f(\varphi(x,y),\psi(x,y))$ 在点 (x,y) 的两个偏导数存在，且有 $\dfrac{\partial z}{\partial x}=\dfrac{\partial z}{\partial u}\dfrac{\partial u}{\partial x}+\dfrac{\partial z}{\partial v}\dfrac{\partial v}{\partial x}$，$\dfrac{\partial z}{\partial y}=\dfrac{\partial z}{\partial u}\dfrac{\partial u}{\partial y}+\dfrac{\partial z}{\partial v}\dfrac{\partial v}{\partial y}$.

此情形可以拓展到多元函数.

3）复合函数的中间变量既有一元函数又有多元函数的情形

如果函数 $u=\varphi(x,y)$ 在点 (x,y) 具有对 x 及对 y 的偏导数，$v=\psi(y)$ 在点 y 可导，函数 $z=f(u,v)$ 在对应点 (u,v) 具有连续偏导数，则复合函数 $z=f(\varphi(x,y),\psi(y))$ 在点 (x,y) 的两个偏导数存在，且有 $\dfrac{\partial z}{\partial x}=\dfrac{\partial z}{\partial u}\dfrac{\partial u}{\partial x}$，$\dfrac{\partial z}{\partial y}=\dfrac{\partial z}{\partial u}\dfrac{\partial u}{\partial y}+\dfrac{\partial z}{\partial v}\dfrac{\mathrm{d}v}{\mathrm{d}y}$.

4) 全微分形式不变性

如果函数 $u=\varphi(x,y)$，$v=\psi(x,y)$ 在点 (x,y) 处具有对 x 及对 y 的偏导数，函数 $z=f(u,v)$ 在对应点 (u,v) 具有连续偏导数，则复合函数 $z=f(\varphi(x,y),\psi(x,y))$ 的全微分

$$\mathrm{d}z = \frac{\partial z}{\partial x}\mathrm{d}x + \frac{\partial z}{\partial y}\mathrm{d}y = \left(\frac{\partial z}{\partial u}\frac{\partial u}{\partial x} + \frac{\partial z}{\partial v}\frac{\partial v}{\partial x}\right)\mathrm{d}x + \left(\frac{\partial z}{\partial u}\frac{\partial u}{\partial y} + \frac{\partial z}{\partial v}\frac{\partial v}{\partial y}\right)\mathrm{d}y$$

$$= \frac{\partial z}{\partial u}\left(\frac{\partial u}{\partial x}\mathrm{d}x + \frac{\partial u}{\partial y}\mathrm{d}y\right) + \frac{\partial z}{\partial v}\left(\frac{\partial v}{\partial x}\mathrm{d}x + \frac{\partial v}{\partial y}\mathrm{d}y\right) = \frac{\partial z}{\partial u}\mathrm{d}u + \frac{\partial z}{\partial v}\mathrm{d}v.$$

即当 f,u,v 都是可微函数时，尽管 u,v 不是自变量，但函数 $z=f(u,v)$ 的全微分也具有与 u,v 是自变量时的全微分相同的形式，这种性质称为全微分形式不变性.

5) 复合函数的二阶偏导数

先求出复合函数的一阶偏导数 $\dfrac{\partial z}{\partial x}$ 和 $\dfrac{\partial z}{\partial y}$，再按二阶偏导数的定义求其偏导数，可得到相应二阶偏导数.

7.3.2 典型例题

例 7.3.1 设 $z=\dfrac{y}{x}$，而 $x=\mathrm{e}^t$，$y=1-\mathrm{e}^{2t}$，求 $\dfrac{\mathrm{d}z}{\mathrm{d}t}$.

解 $\dfrac{\mathrm{d}z}{\mathrm{d}t} = \dfrac{\partial z}{\partial x}\cdot\dfrac{\mathrm{d}x}{\mathrm{d}t} + \dfrac{\partial z}{\partial y}\cdot\dfrac{\mathrm{d}y}{\mathrm{d}t} = -\dfrac{y}{x^2}\cdot\mathrm{e}^t + \dfrac{1}{x}\cdot(-2\mathrm{e}^{2t}) = -\dfrac{1-\mathrm{e}^{2t}}{\mathrm{e}^{2t}}\cdot\mathrm{e}^t + \dfrac{1}{\mathrm{e}^t}\cdot(-2\mathrm{e}^{2t}) = \dfrac{-1-\mathrm{e}^{2t}}{\mathrm{e}^t} =$
$-\mathrm{e}^{-t}-\mathrm{e}^t$.

例 7.3.2 设 $z=xy+3\ln x$，其中 $x=2u+v$，$y=u-2v$，求 $\dfrac{\partial z}{\partial u}$，$\dfrac{\partial z}{\partial v}$.

解 $x=2u+v$，$y=u-2v$，代入 $z=xy+3\ln x$，得

$$z = (2u+v)(u-2v) + 3\ln(2u+v) = 2u^2 - 3uv - 2v^2 + 3\ln(2u+v),$$

$$\frac{\partial z}{\partial u} = 4u - 3v + \frac{6}{2u+v}, \quad \frac{\partial z}{\partial v} = -3u - 4v + \frac{3}{2u+v}.$$

例 7.3.3 求 $z=f\left(x,\dfrac{6x}{y}\right)$ 的偏导数，其中 $f(u,v)$ 可微.

解 假设 $v=\dfrac{6x}{y}$，则 $z=f(x,v)$，所以 $\dfrac{\partial z}{\partial x} = \dfrac{\partial f}{\partial x} + \dfrac{\partial f}{\partial v}\cdot\dfrac{\partial v}{\partial x} = \dfrac{\partial f}{\partial x} + \dfrac{\partial f}{\partial v}\cdot\dfrac{6}{y} = f_x + \dfrac{6}{y}f_v$，$\dfrac{\partial z}{\partial y} = \dfrac{\partial f}{\partial v}\cdot\dfrac{\partial v}{\partial y} =$
$\dfrac{\partial f}{\partial v}\cdot\left(\dfrac{-6x}{y^2}\right) = \dfrac{-6x}{y^2}f_v$.

例 7.3.4 设 $z=\tan(x^2y)$，求 $\mathrm{d}z$.

解 由全微分形式不变性，得 $\mathrm{d}z = \sec^2(x^2y)\,\mathrm{d}(x^2y) = \sec^2(x^2y)(x^2\mathrm{d}y+y\mathrm{d}x^2) = \sec^2(x^2y)$
$(x^2\mathrm{d}y+y\cdot2x\mathrm{d}x) = 2xy\sec^2(x^2y)\mathrm{d}x + x^2\sec^2(x^2y)\mathrm{d}y$.

例 7.3.5 设 $z=f(\sin x,xy)$，其中 f 具有二阶连续偏导数，求 $\dfrac{\partial^2 z}{\partial x\partial y}$.

解 先求 $\dfrac{\partial z}{\partial x} = \cos x f_1' + y f_2'$，则 $\dfrac{\partial^2 z}{\partial x\partial y} = \cos x(f_{11}''\cdot0+f_{12}''\cdot x) + f_2' + y(f_{21}''\cdot0+f_{22}''\cdot x)$

$$= f_2' + x\cos x f_{12}'' + xy f_{22}''.$$

7.3.3　基础精练

精练 7.3.1 求下列函数的导数.

（1）$z = u^v (u > 0)$，$u = \sin x$，$v = \cos x$.

（2）$z = \ln(u + v)$，$u = 3t$，$v = 4t^2$.

（3）$u = \mathrm{e}^x (y - z)$，$x = t$，$y = \sin t$，$z = \cos t$.

精练 7.3.2 求下函数对各自变量的一阶偏导数，其中 f 可微.

（1）$z = x^2 y - xy^2$，$x = u\cos v$，$y = u\sin v$.

（2）$u = f(x^2 - y^2, \mathrm{e}^{xy})$.

（3）$u = f(x^3 + 2xy + 3xyz)$.

（4）$z = f(xy, y)$.

7.3.4　真题演练

演练 7.3.1　已知 $z=f(xy,2x+3y)$，其中 $f(u,v)$ 具有连续偏导数，求 $\dfrac{\partial z}{\partial x}$.

演练 7.3.2　设 $z=uv+\sin t$，而 $u=\mathrm{e}^t,v=\cos t$.求全导数 $\dfrac{\mathrm{d}z}{\mathrm{d}t}$.

演练 7.3.3　设二元函数 $z=(x+1)\ln(1+y)$，求 $\mathrm{d}z\big|_{(1,0)}$.

演练 7.3.4　设 $w=f(x+y+z,xyz)$，f 具有二阶连续偏导数，求 $\dfrac{\partial w}{\partial x},\dfrac{\partial^2 w}{\partial x\partial z}$.

§7.4　隐函数的偏导数

7.4.1　重要概念、结论与方法

1)隐函数存在定理 1

设函数 $F(x,y)$ 在点 $P_0(x_0,y_0)$ 的某一邻域内具有连续偏导数，且 $F(x_0,y_0)=0$，$F'_y(x_0,y_0)\neq 0$，则方程 $F(x,y)=0$ 在点 (x_0,y_0) 的某一邻域内恒能唯一确定一个连续且具有连续导数的函数 $y=f(x)$，它满足条件 $y_0=f(x_0)$，并有 $\dfrac{\mathrm{d}y}{\mathrm{d}x}=-\dfrac{F'_x}{F'_y}$.

2)隐函数存在定理 2

设函数 $F(x,y,z)$ 在点 $P_0(x_0,y_0,z_0)$ 的某一邻域内具有连续偏导数，且 $F(x_0,y_0,z_0)=0$，$F'_z(x_0,y_0,z_0)\neq 0$，则方程 $F(x,y,z)=0$ 在点 (x_0,y_0,z_0) 的某一邻域内恒能唯一确定一个连续

且具有连续偏导数的函数 $z=f(x,y)$,它满足条件 $z_0=f(x_0,y_0)$,并有 $\dfrac{\partial z}{\partial x}=-\dfrac{F'_x}{F'_z},\dfrac{\partial z}{\partial y}=-\dfrac{F'_y}{F'_z}$.

3)隐函数方程求偏导的方法

由隐函数方程 $F(x,y,z)=0$ 确定的隐函数 $z=f(x,y)$ 对 x,y 的偏导数求法:

(1)公式法:将方程中所有非零项移到等式一边,并将其设为 F,注意应将 x,y,z 看作独立变量,对 $F(x,y,z)=0$ 分别求导,即得公式 $\dfrac{\partial z}{\partial x}=-\dfrac{F'_x}{F'_z},\dfrac{\partial z}{\partial y}=-\dfrac{F'_y}{F'_z}$.

(2)直接法:分别将 $F(x,y,z)=0$ 两边同时对 x,y 求导,这时将 x,y 看作独立变量,z 是 x,y 的函数,得到含 $\dfrac{\partial z}{\partial x},\dfrac{\partial z}{\partial y}$ 的两个方程,解方程可求出 $\dfrac{\partial z}{\partial x},\dfrac{\partial z}{\partial y}$.

(3)全微分法:利用全微分的形式不变性,对所给隐函数方程两边求微分,整理成 $\mathrm{d}z=u(x,y,z)\mathrm{d}x+v(x,y,z)\mathrm{d}y$,则 $\mathrm{d}x,\mathrm{d}y$ 的系数便是 $\dfrac{\partial z}{\partial x},\dfrac{\partial z}{\partial y}$(在求全微分时,$z$ 应看作自变量).

7.4.2　典型例题

例 7.4.1　求由方程 $x^y=y^x$ 所确定的隐函数的导数 $\dfrac{\mathrm{d}y}{\mathrm{d}x}$.

解　设 $F(x,y)=x^y-y^x$,则有 $\dfrac{\mathrm{d}y}{\mathrm{d}x}=-\dfrac{F'_x}{F'_y}$,其中 $F'_x=yx^{y-1}-y^x\ln y$,$F'_y=x^y\ln x-xy^{x-1}$,所以 $\dfrac{\mathrm{d}y}{\mathrm{d}x}=-\dfrac{F'_x}{F'_y}=-\dfrac{yx^{y-1}-y^x\ln y}{x^y\ln x-xy^{x-1}}$.

例 7.4.2　求由方程 $x^2+y^2+2x-2yz=\mathrm{e}^z$ 所确定的隐函数 $z=z(x,y)$ 的偏导数 $\dfrac{\partial z}{\partial x},\dfrac{\partial z}{\partial y}$.

解　令 $F(x,y,z)=x^2+y^2+2x-2yz-\mathrm{e}^z$,则 $F'_x=2x+2$,$F'_y=2y-2z$,$F'_z=-2y-\mathrm{e}^z$.

当 $F'_z\neq0$ 时,有 $\dfrac{\partial z}{\partial x}=-\dfrac{F'_x}{F'_z}=\dfrac{2(x+1)}{2y+\mathrm{e}^z}$,$\dfrac{\partial z}{\partial y}=-\dfrac{F'_y}{F'_z}=\dfrac{2(y-z)}{2y+\mathrm{e}^z}$.

例 7.4.3　若函数 $z=z(x,y)$ 由方程 $\mathrm{e}^{x+2y+3z}+xyz=\mathrm{e}^3$ 确定,求 $\mathrm{d}z|_{(0,0)}$.

解　将 $x=0,y=0$ 代入方程得 $z=1$.令 $F(x,y,z)=\mathrm{e}^{x+2y+3z}+xyz-\mathrm{e}^3$,则

$F'_x(x,y,z)=\mathrm{e}^{x+2y+3z}+yz$,$F'_y(x,y,z)=2\mathrm{e}^{x+2y+3z}+xz$,$F'_z(x,y,z)=3\mathrm{e}^{x+2y+3z}+xy$,$\dfrac{\partial z}{\partial x}\Big|_{(0,0)}=$

$-\dfrac{F'_x(0,0,1)}{F'_z(0,0,1)}=-\dfrac{1}{3}$,$\dfrac{\partial z}{\partial y}\Big|_{(0,0)}=-\dfrac{F'_y(0,0,1)}{F'_z(0,0,1)}=-\dfrac{2}{3}$,所以 $\mathrm{d}z|_{(0,0)}=-\dfrac{1}{3}\mathrm{d}x-\dfrac{2}{3}\mathrm{d}y$.

例 7.4.4　设函数 $u=f(x,y,z)=x^3y^2z^2$,其中 $z=z(x,y)$ 为方程 $x^3+y^3+z^3-3xyz=0$ 所确定的隐函数,求 $\dfrac{\partial u}{\partial x}$.

解　令 $F(x,y,z)=x^3+y^3+z^3-3xyz$,则 $F'_x=3x^2-3yz$,$F'_z=3z^2-3xy$,所以 $\dfrac{\partial z}{\partial x}=-\dfrac{F'_x}{F'_z}=-\dfrac{3x^2-3yz}{3z^2-3xy}=$

$\dfrac{yz-x^2}{z^2-xy}$,又因为 $\dfrac{\partial u}{\partial x}=3x^2y^2z^2+x^3y^2\cdot2z\cdot\dfrac{\partial z}{\partial x}=3x^2y^2z^2+2x^3y^2z\cdot\dfrac{\partial z}{\partial x}$,将 $\dfrac{\partial z}{\partial x}$ 代入得 $\dfrac{\partial u}{\partial x}=3x^2y^2z^2+2x^3y^2\cdot$

$$\frac{\partial z}{\partial x} = 3x^2 y^2 z^2 + 2x^3 y^2 z \cdot \frac{yz-x^2}{z^2-xy}.$$

例 7.4.5 函数 $z=z(x,y)$ 由方程 $z^3-3xyz=a^3$ 确定,求 $\frac{\partial^2 z}{\partial x \partial y}$.

解 $F(x,y,z)=z^3-3xyz-a^3$, $F'_x=-3yz$, $F'_y=-3xz$, $F'_z=3z^2-3xy$, 当 $F'_z \neq 0$ 时,则 $\frac{\partial z}{\partial x} = -\frac{F'_x}{F'_z} =$

$\frac{yz}{z^2-xy}$, $\frac{\partial z}{\partial y} = -\frac{F'_y}{F'_z} = \frac{xz}{z^2-xy}$, $\frac{\partial^2 z}{\partial x \partial y} = \frac{\partial}{\partial y}\left(\frac{yz}{z^2-xy}\right) = \frac{\left(z+y\frac{\partial z}{\partial y}\right) \cdot (z^2-xy) - yz \cdot \left(2z\frac{\partial z}{\partial y}-x\right)}{(z^2-xy)^2} =$

$\dfrac{\left(z+y\frac{xz}{z^2-xy}\right) \cdot (z^2-xy) - yz \cdot \left(2z\frac{xz}{z^2-xy}-x\right)}{(z^2-xy)^2} = \dfrac{z(z^4-2xyz^2-x^2y^2)}{(z^2-xy)^3}.$

7.4.3 基础精练

精练 7.4.1 求由方程 $\sin(x+y)=xy$ 所确定的隐函数 y 的导数.

精练 7.4.2 已知方程 $e^z-z=xy^3$,求 $\frac{\partial z}{\partial x}$, $\frac{\partial z}{\partial y}$.

精练 7.4.3 已知方程 $x^2+y^2+z^2-4z=0$,求 $\frac{\partial^2 z}{\partial x^2}$.

精练 7.4.4 设 $z=f(x,y)$ 是由方程 $2\sin(x+2y-3z)=x+2y-3z$ 确定的隐函数,求 $\frac{\partial z}{\partial x}+\frac{\partial z}{\partial y}$.

7.4.4 真题演练

演练 7.4.1 设 $y=f(x)$ 是由方程 $\ln\sqrt{x^2+y^2}=\arctan\dfrac{y}{x}$ 确定的隐函数,求 $\dfrac{\mathrm{d}y}{\mathrm{d}x}$.

演练 7.4.2 设函数 $z=z(x,y)$ 由方程 $z^3-3xyz=a^3$ 确定,求 $\dfrac{\partial z}{\partial x}$,$\dfrac{\partial z}{\partial y}$ 和 $\mathrm{d}z$.

演练 7.4.3 设 $u=f(x,y,z)$ 有一阶连续偏导数,且 $y=y(x)$ 和 $z=z(x)$ 分别由方程 $e^{xy}-y=0$ 和 $e^z-xz=0$ 所确定,求 $\dfrac{\mathrm{d}u}{\mathrm{d}x}$.

演练 7.4.4 设 $z=z(x,y)$ 是由 $4x+3y-2z+z^2=0$ 确定的隐函数,求 $\dfrac{\partial^2 z}{\partial x\partial y}$.

§7.5 偏导数的应用

7.5.1 重要概念、结论与方法

1) 空间曲线的切线与法平面

曲线方程为参数方程 $\begin{cases} x=x(t) \\ y=y(t) \\ z=z(t) \end{cases}(\alpha\leqslant t\leqslant\beta)$ 情形:

设点 $M_0(x_0,y_0,z_0)$ 在给定的曲线上,$x_0=x(t_0)$,$y_0=y(t_0)$,$z_0=z(t_0)$.

$x(t)$、$y(t)$、$z(t)$ 在 $[\alpha,\beta]$ 上可导,且 $x'(t_0)$,$y'(t_0)$,$z'(t_0)$ 不全为零,则

曲线在 M_0 处的切线方程为:$\dfrac{x-x_0}{x'(t_0)} = \dfrac{y-y_0}{y'(t_0)} = \dfrac{z-z_0}{z'(t_0)}$.

相应地,过 M_0 的法平面方程为:$x'(t_0)(x-x_0) + y'(t_0)(y-y_0) + z'(t_0)(z-z_0) = 0$.

2) 空间曲面的切平面与法线

(1) 曲面方程为隐式方程 $F(x,y,z)=0$ 的情形:

设点 $M_0(x_0,y_0,z_0)$ 在曲面 $F(x,y,z)=0$ 上,而 $F(x,y,z)$ 在点 M_0 处存在连续偏导数且不全为零,则曲面 $F(x,y,z)=0$ 在点 $M_0(x_0,y_0,z_0)$ 处的切平面方程为

$$F'_x(x_0,y_0,z_0)(x-x_0) + F'_y(x_0,y_0,z_0)(y-y_0) + F'_z(x_0,y_0,z_0)(z-z_0) = 0.$$

相应地,法线方程为 $\dfrac{x-x_0}{F'_x(x_0,y_0,z_0)} = \dfrac{y-y_0}{F'_y(x_0,y_0,z_0)} = \dfrac{z-z_0}{F'_z(x_0,y_0,z_0)}$.

(2) 曲面方程为显式方程 $z=f(x,y)$ 的情形:

设点 $M_0(x_0,y_0,z_0)$ 在曲面 $z=f(x,y)$ 上,且 $z=f(x,y)$ 在点 (x_0,y_0) 处存在连续偏导数,则该曲面在点 $M_0(x_0,y_0,z_0)$ 处的切平面方程为

$$f'_x(x_0,y_0)(x-x_0) + f'_y(x_0,y_0)(y-y_0) - (z-z_0) = 0.$$

相应地,法线方程为 $\dfrac{x-x_0}{f'_x(x_0,y_0)} = \dfrac{y-y_0}{f'_y(x_0,y_0)} = \dfrac{z-z_0}{-1}$.

7.5.2 典型例题

例 7.5.1 求曲线 $x=t$,$y=t^2$,$z=t^3$ 在点 $(1,1,1)$ 处的切线方程及法平面方程.

解 由点 $(1,1,1)$ 处可知 $t_0=1$,$x'(t_0)=1$,$y'(t_0)=2$,$z'(t_0)=3$.

所以切线方程为 $\dfrac{x-1}{1} = \dfrac{y-1}{2} = \dfrac{z-1}{3}$,法平面方程为 $(x-1)+2(y-1)+3(z-1)=0$.

例 7.5.2 求曲线 $y=\sin x$,$z=\dfrac{x}{2}$ 上点 $\left(\pi,0,\dfrac{\pi}{2}\right)$ 处切线方程和法平面方程.

解 令 $x=t$,曲线方程为 $\begin{cases} x=t, \\ y=\sin t, \\ z=\dfrac{t}{2}, \end{cases}$ 由点 $\left(\pi,0,\dfrac{\pi}{2}\right)$ 可知 $t_0=\pi$,所以 $x'(t_0)=1$,$y'(t_0)=-1$,

$z'(t_0)=\dfrac{1}{2}$.

因此在点 $\left(\pi,0,\dfrac{\pi}{2}\right)$ 处的切线方程为 $\dfrac{x-\pi}{1} = \dfrac{y}{-1} = \dfrac{z-\dfrac{\pi}{2}}{\dfrac{1}{2}}$,

法平面方程为 $(x-\pi)-y+\dfrac{1}{2}\left(z-\dfrac{\pi}{2}\right)=0$,即 $x-y+\dfrac{1}{2}z-\dfrac{5\pi}{4}=0$.

例 7.5.3　求旋转抛物面 $z = x^2 + y^2 - 1$ 在点 $(2,1,4)$ 处的切平面及法线方程.

解　设 $F(x,y,z) = z - x^2 - y^2 + 1$，则 $F_x|_{(2,1,4)} = -4$，$F_y|_{(2,1,4)} = -2$，$F_z|_{(2,1,4)} = 1$.

切平面方程为 $-4(x-2) - 2(y-1) + (z-4) = 0$，法线方程为 $\dfrac{x-2}{-4} = \dfrac{y-1}{-2} = \dfrac{z-4}{1}$.

例 7.5.4　求椭球面 $\dfrac{x^2}{3} + \dfrac{y^2}{12} + \dfrac{z^2}{27} = 1$ 在点 $M_0(1,2,3)$ 处的切平面和法线方程.

解　设 $F(x,y,z) = \dfrac{x^2}{3} + \dfrac{y^2}{12} + \dfrac{z^2}{27} - 1$，则 $F_x = \dfrac{2}{3}x$，$F_y = \dfrac{y}{6}$，$F_z = \dfrac{2z}{27}$，代入点 $M_0(1,2,3)$ 有 $F_x(1,2,3) = \dfrac{2}{3}$，$F_y(1,2,3) = \dfrac{1}{3}$，$F_z(1,2,3) = \dfrac{2}{9}$.所以切平面方程为 $\dfrac{2}{3}(x-1) + \dfrac{1}{3}(y-2) + \dfrac{2}{9}(z-3) = 0$，即 $6x + 3y + 2z - 18 = 0$.法线方程为 $\dfrac{x-1}{\frac{2}{3}} = \dfrac{y-2}{\frac{1}{3}} = \dfrac{z-3}{\frac{2}{9}}$，即 $\dfrac{x-1}{6} = \dfrac{y-2}{3} = \dfrac{z-3}{2}$.

7.5.3　基础精练

精练 7.5.1　求下列曲线在指定点处的切线及法平面方程.

(1) $x = 2t$，$y = t^2$，$z = \dfrac{t^3}{3}$ 在点 $(6,9,9)$ 处.

(2) $x = e^t \sin t$，$y = e^t \cos t$，$z = 2e^t$ 在对应于 $t = 0$ 处.

(3) $y^2 = 2x$，$z^2 = 1 - x$ 在点 $\left(\dfrac{1}{2}, -1, \dfrac{\sqrt{2}}{2} \right)$ 处.

(4) $x = a \cos t$，$y = b \sin t$，$z = ct$ 在点 $\left(\dfrac{\sqrt{3}}{2}a, \dfrac{1}{2}b, \dfrac{\pi}{6}c \right)$ 处.

精练 7.5.2 求下列曲面在指定点处的切平面和法线方程.

(1)$z=x^2+y^2$ 在点$(1,2,5)$处.

(2)$z=\sqrt{1-x^2-y^2}$ 在点$\left(\dfrac{1}{2},\dfrac{1}{2},\dfrac{\sqrt{2}}{2}\right)$处.

(3)$\dfrac{x^2}{16}+\dfrac{y^2}{9}-\dfrac{z^2}{8}=0$ 在点$(4,3,4)$处.

(4)$3x^2+y^2-z^2=27$ 在点$(3,1,1)$处.

7.5.4 真题演练

演练 7.5.1 在曲线$y=x^2,z=x^3$上求一点,使曲线在该点的切线与平面$x+2y+z=4$平行.

演练 7.5.2 求空间曲线$\Gamma:x=\displaystyle\int_0^t \mathrm{e}^u \cos u\,du,y=2\sin t+\cos t,z=1+\mathrm{e}^{3t}$在$t=0$的对应点处的切线方程和法平面方程.

演练7.5.3　已知椭球面方程 $2x^2+y^2+3z^2=6$.

(1)求椭球面在点 $M(1,1,1)$ 处的切平面方程;

(2)当 k 为何值时,(1)中所求的切平面与平面 $7x+ky-5z=0$ 互相垂直?

演练7.5.4　求曲面 $z=\dfrac{x^2}{2}+y^2$ 上平行于平面 $2x+4y-z=0$ 的切平面方程.

§7.6　多元函数的极值

7.6.1　重要概念、结论与方法

1)多元函数极值的定义

设函数 $z=f(x,y)$ 的定义域为 $D,P_0(x_0,y_0)$ 为 D 的内点.若存在 P_0 的某个邻域 $U(P_0)\subset D$,使得对于该邻域内异于 P_0 的任何点 (x,y),都有 $f(x,y)<f(x_0,y_0)$,则称函数 $f(x,y)$ 在点 (x_0,y_0) 有极大值,点 (x_0,y_0) 称为函数 $f(x,y)$ 的极大值点;若存在 P_0 的某个邻域 $U(P_0)\subset D$,使得对于该邻域内异于 P_0 的任何点 (x,y) 都有 $f(x,y)>f(x_0,y_0)$,则称函数 $f(x,y)$ 在点 (x_0,y_0) 有极小值,点 (x_0,y_0) 称为函数 $f(x,y)$ 的极小值点.极大值、极小值统称为极值.

2)极值存在的必要条件

设函数 $z=f(x,y)$ 在点 (x_0,y_0) 处具有偏导数,且在点 (x_0,y_0) 处有极值,则有 $f'_x(x_0,y_0)=0,f'_y(x_0,y_0)=0$.并称能使 $f'_x(x,y)=0,f'_y(x,y)=0$ 同时成立的点 (x_0,y_0) 为函数 $z=f(x,y)$ 的驻点.

注:具有偏导数的函数极值点必定是驻点,但函数的极值点不一定是驻点,还可能为至少关于一个变量偏导数不存在的点.

3)极值存在的充分条件

设函数 $z=f(x,y)$ 在点 (x_0,y_0) 的某邻域内连续且有一阶及二阶连续偏导数,又 $f'_x(x_0,y_0)=0,f'_y(x_0,y_0)=0$.令 $f''_{xx}(x_0,y_0)=A,f''_{xy}(x_0,y_0)=B,f''_{yy}(x_0,y_0)=C$,则 $f(x,y)$ 在 (x_0,y_0) 处是否取得极值的条件如下:

(1)$AC-B^2>0$ 时具有极值,且当 $A<0$ 时有极大值,当 $A>0$ 时有极小值;

(2)$AC-B^2<0$ 时没有极值;

(3)$AC-B^2=0$ 时可能有极值,也可能没有极值,需另作讨论.

4）求具有二阶连续偏导数的二元函数的极值步骤

（1）解方程组 $\begin{cases} f_x(x,y)=0 \\ f_y(x,y)=0 \end{cases}$ 得一切驻点；

（2）对每一个驻点 (x_0,y_0) 求出二阶偏导数的值 A、B、C；

（3）确定 B^2-AC 的符号，按充分条件的结论判定点 (x_0,y_0) 是否是极值点以及是极大值点还是极小值点；

（4）如果 (x_0,y_0) 是极值点，求出函数值 $f(x_0,y_0)$.

5）拉格朗日数乘法求条件极值

求二元函数 $z=f(x,y)$ 在条件 $\varphi(x,y)=0$ 下的极值时，称 $z=f(x,y)$ 为目标函数，称 $\varphi(x,y)=0$ 为约束条件.

求函数 $z=f(x,y)$ 在条件 $\varphi(x,y)=0$ 下的可能极值点的具体步骤：

（1）作拉格朗日函数 $L(x,y)=f(x,y)+\lambda\varphi(x,y)$，其中 λ 是参数；

（2）求 $L(x,y)$ 对 x 与 y 的一阶偏导数，并令其为零，然后与 $\varphi(x,y)=0$ 联立求解，即

$\begin{cases} \dfrac{\partial L}{\partial x}=f_x(x,y)+\lambda\varphi_x(x,y)=0 \\ \dfrac{\partial L}{\partial y}=f_y(x,y)+\lambda\varphi_y(x,y)=0 \\ \varphi(x,y)=0 \end{cases}$，由此方程组解出 x,y,λ，所得的点 (x,y) 即是函数 $z=f(x,y)$ 在条件 $\varphi(x,y)=0$ 下的可能极值点.

6）二元函数的最值

在实际问题中，若由分析可知二元函数的最值一定存在时，如果目标函数的驻点唯一，且无其他可疑极值点，那么这个驻点即是极值点.

7.6.2　典型例题

例 7.6.1　若可微函数 $z=f(x,y)$ 在点 (x_0,y_0) 处取得极小值，下列各项说法正确的是_____.

A. $f(x_0,y)$ 在 $y=y_0$ 处的导数大于 0　　　　B. $f(x_0,y)$ 在 $y=y_0$ 处的导数等于 0

C. $f(x_0,y)$ 在 $y=y_0$ 处的导数小于 0　　　　D. $f(x_0,y)$ 在 $y=y_0$ 处的导数不存在

解　选 B. 由于可微函数 $z=f(x,y)$ 在点 (x_0,y_0) 取得极小值，则 $f_y'(x_0,y_0)=0$，即 $f(x_0,y)$ 在 $y=y_0$ 处的导数等于 0.

例 7.6.2　求函数 $f(x,y)=x^3-4x^2+2xy-y^2$ 的极值.

解　解方程组 $\begin{cases} f_x(x,y)=3x^2-8x+2y=0 \\ f_y(x,y)=2x-2y=0 \end{cases}$，得驻点 $(0,0)$，$(2,2)$. 函数 $f(x,y)$ 的二阶偏导数 $f_{xx}(x,y)=6x-8$，$f_{xy}(x,y)=2$，$f_{yy}(x,y)=-2$. 在驻点 $(0,0)$ 处，$A=-8$，$B=2$，$C=-2$，$B^2-AC=-12<0$，由 $A=-8<0$ 知，$f(0,0)=0$ 为函数的极大值. 在驻点 $(2,2)$ 处，$A=4$，$B=2$，$C=-2$，$B^2-AC=12>0$，因此 $f(2,2)$ 不是函数的极值.

例 7.6.3 求函数 $f(a,b)=a+b+2$ 在约束条件 $\varphi(a,b)=a^2+b^2-4=0$ 下的最小值.

解 设 $L(a,b)=a+b+2+\lambda(a^2+b^2-4)$,有 $\begin{cases} L_a=1+2a\lambda=0 \\ L_b=1+2b\lambda=0,解得 $a=b=\sqrt{2}$ 或 $a=b=-\sqrt{2}$.而 \\ a^2+b^2-4=0 \end{cases}$

$f(\sqrt{2},\sqrt{2})=2\sqrt{2}+2,f(-\sqrt{2},-\sqrt{2})=2-2\sqrt{2},2\sqrt{2}+2>2-2\sqrt{2}$,根据实际问题一定存在最值,所以最小值为 $f(-\sqrt{2},-\sqrt{2})=2-2\sqrt{2}$.

例 7.6.4 要造一个容积为 a 的长方体无盖水池,应如何选择水池尺寸,方可使它的表面积最小?

解 设长方体水池的长、宽、高分别为 x,y,z,则长方体无盖水池的表面积为 $S=xy+2yz+2xz$ 且 $xyz=a$.本题就是求目标函数为 $S=xy+2yz+2xz$,在约束条件 $xyz-a=0$ 下的极值问题,进而根据实际问题分析获得最值的问题.

令 $F(x,y,z)=xy+2yz+2xz+\lambda(xyz-a)$,求解方程组 $\begin{cases} F_x=y+2z+\lambda yz=0 \\ F_y=x+2z+\lambda xz=0 \\ F_z=2y+2x+\lambda xy=0 \\ xyz-a=0 \end{cases}$,得驻点为

$\left(\sqrt[3]{2a},\sqrt[3]{2a},\dfrac{\sqrt[3]{2a}}{2}\right)$ 时,能使水池的表面积最小.

7.6.3 基础精练

精练 7.6.1 求下列函数的极值点与极值.

(1) $z=y^3-x^2+6x-12y+5$;   (2) $z=xy(x^2+y^2-1)$;

(3) $z=x^3+y^3-3(x^2+y^2)$;   (4) $z=e^{2x}(x+2y+y^2)$.

精练 7.6.2 求函数 $z=(x^2+y^2-2x)^2$ 在圆域 $x^2+y^2\leqslant 2x$ 上的最大值和最小值.

精练 7.6.3　把数 $a(a>0)$ 分成三份,使得三份连乘起来的积为最大.

精练 7.6.4　求半径为 r 的圆的面积最大的内接三角形及面积最小的外切三角形.

7.6.4　真题演练

演练 7.6.1　函数 $f(x,y)$ 可微,$f'_x(x_0,y_0)=0$,$f'_y(x_0,y_0)=0$,则函数 $f(x,y)$ 在 (x_0,y_0) 处_____.

A.可能有极值,也可能没有极值　　　　B.必有极值,可能是极大值也可能是极小值

C.一定没有极值　　　　　　　　　　　D.必有极值,且为极小值

演练 7.6.2　求函数 $f(x,y)=x^3-y^3+3x^2+3y^2-9x$ 的极值.

演练 7.6.3　已知一个长方体的一个顶点处的三条邻边之和为 3,问这三条邻边长各为多少时,这个长方体的体积最大?

演练 7.6.4　设长方形的周长为定值 l,问其长 x 及宽 y 各为多少时,可使其面积 S 最大?

§7.7　二重积分

7.7.1　重要概念、结论与方法

1) 二重积分的概念

设函数 $z=f(x,y)$ 是定义在有界闭区域 D 上的有界函数,将闭区域 D 任意分割成 n 个子域 $\Delta\sigma_i(i=1,2,\cdots,n)$,其面积也用 $\Delta\sigma_i$ 表示.在每个子域 $\Delta\sigma_i$ 上任取一点 (ξ_i,η_i),作和 $\sum_{i=1}^{n} f(\xi_i,\eta_i)\Delta\sigma_i$.如果当各个子域的直径的最大值 λ 趋于零时,上边和式的极限存在,且此极限与区域 D 的分割方法以及点 (ξ_i,η_i) 的取法无关,则称此极限为函数 $z=f(x,y)$ 在闭区域 D 上的二重积分,记作 $\iint\limits_{D} f(x,y)\mathrm{d}\sigma$ 或 $\iint\limits_{D} f(x,y)\mathrm{d}x\mathrm{d}y$,即

$$\iint\limits_{D} f(x,y)\mathrm{d}\sigma = \lim_{\lambda\to0}\sum_{i=1}^{n} f(\xi_i,\eta_i)\Delta\sigma_i.$$

此时称 $f(x,y)$ 在 D 上可积,其中 $\iint$ 称为二重积分号,$f(x,y)$ 称为被积函数,$f(x,y)\mathrm{d}\sigma$ 称为积分表达式,$\mathrm{d}\sigma$ 称为面积微元,D 为积分区域,x,y 为积分变量.

2) 二重积分的几何意义

当 $f(x,y)>0$ 时,二重积分 $\iint\limits_{D} f(x,y)\mathrm{d}\sigma$ 的**几何意义**就是曲顶柱体的体积;当 $f(x,y)<0$ 时,柱体在 xOy 平面的下方,二重积分表示该柱体体积的相反值,所以 $\iint\limits_{D} f(x,y)\mathrm{d}\sigma$ 的值是 xOy 平面上下方柱体体积的代数和.

3) 二重积分的性质

性质 1　被积函数中的常数因子可以提到二重积分号前面,即

$$\iint\limits_{D} kf(x,y)\mathrm{d}\sigma = k\iint\limits_{D} f(x,y)\mathrm{d}\sigma.$$

性质 2　函数和或差的二重积分等于各个函数二重积分的和或差,即

$$\iint\limits_{D}[f(x,y)\pm g(x,y)]\mathrm{d}\sigma = \iint\limits_{D} f(x,y)\mathrm{d}\sigma \pm \iint\limits_{D} g(x,y)\mathrm{d}\sigma.$$

性质 3　如果积分区域 D 被分成两个子区域 D_1,D_2,则在 D 上的二重积分等于各个子区域 D_1,D_2 上二重积分的和,即 $\iint\limits_{D} f(x,y)\mathrm{d}\sigma = \iint\limits_{D_1} f(x,y)\mathrm{d}\sigma + \iint\limits_{D_2} f(x,y)\mathrm{d}\sigma$.

性质 4　如果在区域 D 上,$f(x,y)=1$,且 D 的面积为 s,则 $\iint\limits_{D}\mathrm{d}\sigma = s$.

性质 5　如果在区域 D 上,$f(x,y)\leqslant g(x,y)$,则有 $\iint\limits_{D} f(x,y)\mathrm{d}\sigma \leqslant \iint\limits_{D} g(x,y)\mathrm{d}\sigma$.

性质6 假设 $f(x,y)$ 在闭区域 D 上的最大值和最小值分别为 M 和 m,D 的面积为 s,则

$$ms \leqslant \iint\limits_{D} f(x,y)\mathrm{d}\sigma \leqslant Ms.$$

性质7(二重积分中值定理) 假设 $f(x,y)$ 在闭区域 D 上连续,D 的面积为 s,则在 D 上至少存在一点 (ξ,η),使得 $\iint\limits_{D} f(x,y)\mathrm{d}\sigma = f(\xi,\eta)s$.

4)二重积分的计算——累次积分法

(1)先积 y 后积 x 的积分(积分区域如图 7.7.1 所示):

$$\iint\limits_{D} f(x,y)\mathrm{d}\sigma = \int_{a}^{b}\left[\int_{\varphi_1(x)}^{\varphi_2(x)} f(x,y)\mathrm{d}y\right]\mathrm{d}x = \int_{a}^{b}\mathrm{d}x\int_{\varphi_1(x)}^{\varphi_2(x)} f(x,y)\mathrm{d}y.$$

(2)先积 x 后积 y 的积分(积分区域如图 7.7.2 所示):

$$\iint\limits_{D} f(x,y)\mathrm{d}\sigma = \int_{c}^{d}\left[\int_{\psi_1(y)}^{\psi_2(y)} f(x,y)\mathrm{d}x\right]\mathrm{d}y = \int_{c}^{d}\mathrm{d}y\int_{\psi_1(y)}^{\psi_2(y)} f(x,y)\mathrm{d}x.$$

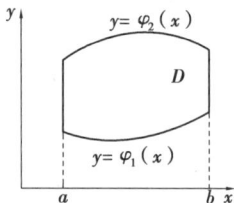 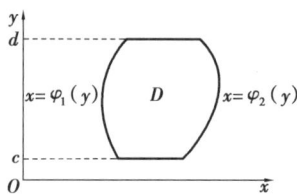

图 7.7.1   图 7.7.2

5)极坐标下计算二重积分

利用极坐标变换公式 $\begin{cases} x = r\cos\theta \\ y = r\sin\theta \end{cases}$,可以把直角坐标系下的二重积分化为极坐标系下的二重积分 $\iint\limits_{D} f(x,y)\mathrm{d}x\mathrm{d}y = \iint\limits_{D} f(r\cos\theta,r\sin\theta)r\mathrm{d}r\mathrm{d}\theta$.其中 $\mathrm{d}\sigma = r\mathrm{d}r\mathrm{d}\theta$ 为极坐标系中面积元素.

实际计算中,分情况考虑:

(1)极点在区域 D 之外,则从极点作两条射线 $\theta = \alpha$ 和 $\theta = \beta$ 夹紧区域 D,在 α 与 β 之间作一条射线与积分域 D 边界交两点(图 7.7.3),它们的极径分别为 $r = r_1(\theta)$,$r = r_2(\theta)$,此时闭区域可表示为 $r_1(\theta) \leqslant r \leqslant r_2(\theta)$,$\alpha \leqslant \theta \leqslant \beta$.

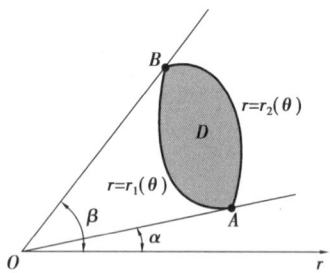

图 7.7.3

则 $\iint\limits_{D} f(x,y)\mathrm{d}x\mathrm{d}y = \int_{\alpha}^{\beta}\mathrm{d}\theta\int_{r_1(\theta)}^{r_2(\theta)} f(r\cos\theta,r\sin\theta)r\mathrm{d}r$.

(2)极点在区域 D 边界上(图 7.7.4),此时闭区域 D 可表示为 $0 \leqslant r \leqslant r(\theta)$,$\alpha \leqslant \theta \leqslant \beta$.

则 $\iint\limits_{D} f(x,y)\mathrm{d}x\mathrm{d}y = \int_{\alpha}^{\beta}\mathrm{d}\theta\int_{0}^{r(\theta)} f(r\cos\theta,r\sin\theta)r\mathrm{d}r$.

(3)极点在积分域 D 内部(图 7.7.5),且边界方程为 $r = r(\theta)$,则积分可化为

$$\iint\limits_{D} f(x,y)\mathrm{d}x\mathrm{d}y = \int_{0}^{2\pi}\left[\int_{0}^{r(\theta)} f(r\cos\theta,r\sin\theta)r\mathrm{d}r\right]\mathrm{d}\theta = \int_{0}^{2\pi}\mathrm{d}\theta\int_{0}^{r(\theta)} f(r\cos\theta,r\sin\theta)r\mathrm{d}r.$$

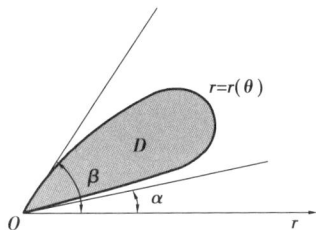

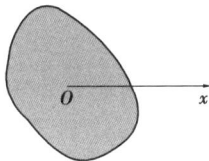

图 7.7.4　　　　　　　　图 7.7.5

7.7.2　典型例题

例 7.7.1　计算 $\iint\limits_{D} y^2 e^{xy} d\sigma$，其中 $D: 0 \leqslant x \leqslant 1, 0 \leqslant y \leqslant 1$.

解　$\iint\limits_{D} y^2 e^{xy} d\sigma = \int_0^1 dy \int_0^1 y^2 e^{xy} dx = \int_0^1 (ye^y - y) dy = \dfrac{1}{2}$.

例 7.7.2　计算 $\int_0^1 dy \int_y^1 y^2 \sqrt{1 - x^4} dx$.

解　此题积分不易计算,尝试改变积分次序进行计算.积分区域为 $\{(x,y) \mid y \leqslant x \leqslant 1, 0 \leqslant y \leqslant 1\}$,也即 $\{(x,y) \mid 0 \leqslant x \leqslant 1, 0 \leqslant y \leqslant x\}$,于是

原式 $= \int_0^1 dx \int_0^x y^2 \sqrt{1 - x^4} dy = \int_0^1 \dfrac{x^3}{3} \sqrt{1 - x^4} dx = \dfrac{1}{12} \int_0^1 \sqrt{1 - x^4} dx^4 = -\dfrac{1}{18} (1 - x^4)^{\frac{3}{2}} \Big|_0^1 = \dfrac{1}{18}$.

例 7.7.3　计算 $\int_0^{\frac{\sqrt{3}}{2}} dx \int_0^{\sqrt{3}x} y dy + \int_{\frac{\sqrt{3}}{2}}^{\sqrt{3}} dx \int_0^{\sqrt{3 - x^2}} y dy$.

解　原式 $= \int_0^{\frac{\sqrt{3}}{2}} \left(\dfrac{y^2}{2}\right) \Big|_0^{\sqrt{3}x} dx + \int_{\frac{\sqrt{3}}{2}}^{\sqrt{3}} \left(\dfrac{y^2}{2}\right) \Big|_0^{\sqrt{3 - x^2}} dx = \dfrac{1}{2} x^3 \Big|_0^{\frac{\sqrt{3}}{2}} + \int_{\frac{\sqrt{3}}{2}}^{\sqrt{3}} \dfrac{3 - x^2}{2} dx$

$= \dfrac{3\sqrt{3}}{16} + \dfrac{3}{2} \cdot \dfrac{\sqrt{3}}{2} - \dfrac{x^3}{6} \Big|_{\frac{\sqrt{3}}{2}}^{\sqrt{3}} = \dfrac{\sqrt{3}}{2}$.

例 7.7.4　计算 $\iint\limits_{D} |xy| d\sigma$，其中 D 由 x 轴, $y + x = 1$ 和 $y - x = 1$ 围成.

解　由题意, $D: 0 \leqslant y \leqslant 1, y - 1 \leqslant x \leqslant 1 - y$,所以

$$\iint\limits_{D} |xy| d\sigma = \int_0^1 dy \int_{y-1}^0 (-xy) dx + \int_0^1 dy \int_0^{1-y} xy dx$$

$$= \int_0^1 \dfrac{y(y-1)^2}{2} dy + \int_0^1 \dfrac{(1-y)^2 y}{2} dy = \int_0^1 y(y-1)^2 dy = \dfrac{1}{12}.$$

例 7.7.5　计算 $\iint\limits_{D} \dfrac{1}{x^2 + y^2} d\sigma$，其中 $D: 4 \leqslant x^2 + y^2 \leqslant 9$.

解　$\iint\limits_{D} \dfrac{1}{x^2 + y^2} d\sigma = \int_0^{2\pi} d\theta \int_2^3 \dfrac{1}{r^2} \cdot r dr = \int_0^{2\pi} (\ln 3 - \ln 2) d\theta = 2\pi \ln \dfrac{3}{2}$.

7.7.3 基础精练

精练 7.7.1 计算下列二重积分:

(1) $\iint\limits_{D} xy \mathrm{d}\sigma$，$D: y = x, y = 1, x = 2$ 所围成的区域；

(2) $\iint\limits_{D} \dfrac{y}{x} \mathrm{d}\sigma$，$D: y = 2x, y = x, x = 4, x = 2$ 所围成的区域；

(3) $\iint\limits_{D} (2x - y) \mathrm{d}\sigma$，$D: 2x - y + 3 = 0, y + x - 3 = 0, x$ 轴所围成的区域.

(4) $\iint\limits_{D} (x^2 + y^2) \mathrm{d}\sigma$，$D: |x| \leqslant 1, |y| \leqslant 1$.

(5) $\iint\limits_{D} \mathrm{e}^{x+y} \mathrm{d}\sigma$，$D: 1 \leqslant x \leqslant 2, 0 \leqslant y \leqslant 1$ 所围成的区域.

精练 7.7.2　改变下列二次积分的积分次序.

（1）$I = \int_0^2 \mathrm{d}y \int_{y^2}^{2y} f(x,y)\,\mathrm{d}x$；　　　　　　　（2）$I = \int_0^2 \mathrm{d}x \int_{2-x}^{\sqrt{2x-x^2}} f(x,y)\,\mathrm{d}y$；

精练 7.7.3　把下列直角坐标形式的累次积分变为极坐标形式的累次积分.

（1）$I = \int_0^{2R} \mathrm{d}y \int_0^{\sqrt{2Ry-y^2}} f(x,y)\,\mathrm{d}x$；　　　　（2）$I = \int_0^R \mathrm{d}x \int_0^{\sqrt{R^2-x^2}} f(x^2+y^2)\,\mathrm{d}y$.

精练 7.7.4　设 D 为圆域 $x^2+y^2 \leqslant a^2$，若 $\iint\limits_D (x^2+y^2)\,\mathrm{d}x\mathrm{d}y = 8\pi$，求 a 的值.

精练 7.7.5　计算二重积分 $\iint\limits_D \mathrm{e}^{x^2+y^2}\,\mathrm{d}\sigma$，$D$ 为圆域：$x^2+y^2 \leqslant 1$.

精练 7.7.6　求由 $z=x^2+y^2$ 与 $z=2-x^2-y^2$ 围成立体的体积.

7.7.4　真题演练

演练 7.7.1　化二重积分 $\iint\limits_D f(x,y)\,\mathrm{d}\sigma$ 为二次积分，其中 D 由直线 $y=x$ 及 $y^2=9x$ 围成，则下面正确的化简是(　　).

A. $\int_0^9 \mathrm{d}x \int_{3\sqrt{x}}^x f(x,y)\,\mathrm{d}y$　　　　　　　B. $\int_0^9 \mathrm{d}y \int_x^{\sqrt[3]{x}} f(x,y)\,\mathrm{d}x$

C. $\int_0^9 \mathrm{d}y \int_y^{\frac{y^2}{9}} f(x,y)\,\mathrm{d}x$　　　　　　　D. $\int_0^9 \mathrm{d}x \int_x^{3\sqrt{x}} f(x,y)\,\mathrm{d}y$

演练 7.7.2　交换积分次序 $\int_0^{\frac{1}{4}} \mathrm{d}y \int_y^{\sqrt{y}} f(x,y)\,\mathrm{d}x + \int_{\frac{1}{4}}^{\frac{1}{2}} \mathrm{d}y \int_y^{\frac{1}{2}} f(x,y)\,\mathrm{d}x =$ _____.

演练 7.7.3　计算二重积分 $\iint\limits_{D} \sqrt{y^2 - xy}\,\mathrm{d}x\mathrm{d}y$,其中, D 是由 $y=x$, $y=1$, $x=0$ 所围成的平面区域.

演练 7.7.4　计算 $\iint\limits_{D} \sqrt{R^2 - x^2 - y^2}\,\mathrm{d}x\mathrm{d}y$, $D:x^2+y^2 \leqslant R^2$, $0 \leqslant y \leqslant x$, $x \geqslant 0$.

第8章

无穷级数

[考试大纲]

1）数项级数

（1）理解级数收敛、发散的概念，了解级数的基本性质，掌握级数收敛的必要条件；

（2）掌握正项级数的比较判别法、比值判别法和根植判别法；

（3）掌握几何级数、调和级数、p-级数的敛散性判定法；

（4）会用莱布尼茨判别法；

（5）理解级数绝对收敛与条件收敛的概念，会判断级数的绝对收敛与条件收敛.

2）幂级数

（1）了解幂级数的概念，会求幂级数的收敛半径、收敛区间（不要求讨论端点）.

（2）掌握幂级数在其收敛区间内的逐项求导、逐项积分的性质和方法，会求幂级数的和函数及收敛区间.

（3）掌握 e^x，$\sin x$，$\cos x$，$\ln(1+x)$，$\dfrac{1}{1-x}$ 的麦克劳林展开式，会用这些展开式将初等函数展开为 $(x-x_0)$ 的幂级数.

[知识结构框图]

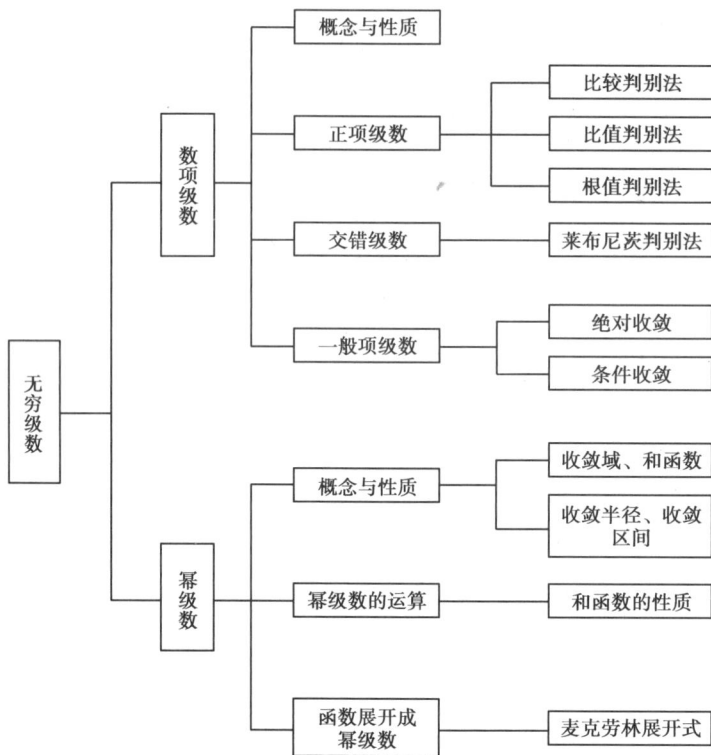

§8.1 无穷级数的概念与性质

8.1.1 重要概念、结论与方法

1) 数项级数及其收敛概念

(1) 一般的,如果给定一个数列 $u_1, u_2, u_3, \cdots, u_n, \cdots$,则由这个数列构成的表达式 $u_1 + u_2 + u_3 + \cdots + u_n + \cdots$ 称为常数项无穷级数,简称常数项级数,记为 $\sum_{n=1}^{\infty} u_n$,即 $\sum_{n=1}^{\infty} u_n = u_1 + u_2 + u_3 + \cdots + u_n + \cdots$,其中第 n 项 u_n 称为常数项级数的一般项.

(2) 如果级数 $\sum_{n=1}^{\infty} u_n$ 的部分和数列 $\{S_n\}$ 有极限 S,即 $\lim_{n \to \infty} S_n = S$,则称常数项无穷级数 $\sum_{n=1}^{\infty} u_n$ 收敛,这时极限 S 称为该级数的和,并写成 $S = u_1 + u_2 + u_3 + \cdots + u_n + \cdots$;如果 $\{S_n\}$ 没有极限,则称常数项无穷级数 $\sum_{n=1}^{\infty} u_n$ 发散.

2) 收敛级数的基本性质

(1) 如果级数 $\sum_{n=1}^{\infty} u_n = S$,$c$ 是与 n 无关的常数,则 $\sum_{n=1}^{\infty} cu_n$ 也收敛,且 $\sum_{n=1}^{\infty} cu_n = c \sum_{n=1}^{\infty} u_n = cS$.

（2）设级数 $\sum\limits_{n=1}^{\infty} u_n = S_1$，$\sum\limits_{n=1}^{\infty} v_n = S_2$，则 $\sum\limits_{n=1}^{\infty} (u_n \pm v_n)$ 也收敛，且 $\sum\limits_{n=1}^{\infty} (u_n \pm v_n) = \sum\limits_{n=1}^{\infty} u_n \pm$ $\sum\limits_{n=1}^{\infty} v_n = S_1 \pm S_2$.

（3）某一数项级数加上有限项或去掉有限项或改变有限项，不改变该级数的敛散性. 但级数收敛时可能会改变其和.

（4）如果级数 $\sum\limits_{n=1}^{\infty} u_n$ 收敛，则对这级数的项任意加括号后所成的级数 $(u_1 + \cdots + u_{n_1}) +$ $(u_{n_1+1} + \cdots + u_{n_2}) + \cdots + (u_{n_{k-1}+1} + \cdots + u_{n_k}) + \cdots$ 仍收敛，且其和不变.

（5）（级数收敛的必要条件）若级数 $\sum\limits_{n=1}^{\infty} u_n$ 收敛，则 $\lim\limits_{n \to \infty} u_n = 0$.

3）重要结论与方法

（1）等比级数（几何级数）$\sum\limits_{n=0}^{\infty} aq^n = \begin{cases} \dfrac{a}{1-q}, & |q| < 1 \\ \text{发散}, & |q| \geqslant 1 \end{cases}$.

（2）调和级数 $\sum\limits_{n=1}^{\infty} \dfrac{1}{n}$ 是发散的.

（3）一般地：$\dfrac{1}{n(n+k)} = \dfrac{1}{k}\left(\dfrac{1}{n} - \dfrac{1}{n+k}\right)$，$(k \geqslant 1)$，所以 $\sum\limits_{n=1}^{\infty} \dfrac{1}{n(n+k)} = \sum\limits_{n=1}^{\infty} \dfrac{1}{k}\left(\dfrac{1}{n} - \dfrac{1}{n+k}\right)$.

8.1.2　典型例题

例 8.1.1　写出级数的前 5 项 $\sum\limits_{n=1}^{\infty} \dfrac{1 \cdot 3 \cdot \cdots \cdot (2n-1)}{2 \cdot 4 \cdot \cdots \cdot 2n}$.

解　$\sum\limits_{n=1}^{\infty} \dfrac{1 \cdot 3 \cdot \cdots \cdot (2n-1)}{2 \cdot 4 \cdot \cdots \cdot 2n} = \dfrac{1}{2} + \dfrac{1 \cdot 3}{2 \cdot 4} + \dfrac{1 \cdot 3 \cdot 5}{2 \cdot 4 \cdot 6} + \dfrac{1 \cdot 3 \cdot 5 \cdot 7}{2 \cdot 4 \cdot 6 \cdot 8} + \dfrac{1 \cdot 3 \cdot 5 \cdot 7 \cdot 9}{2 \cdot 4 \cdot 6 \cdot 8 \cdot 10} + \cdots$.

例 8.1.2　利用级数收敛与发散的定义判定级数 $\sum\limits_{n=1}^{\infty} \dfrac{1}{(2n-1)(2n+1)}$ 的收敛性.

解　由于 $u_n = \dfrac{1}{(2n-1)(2n+1)} = \dfrac{1}{2}\left(\dfrac{1}{2n-1} - \dfrac{1}{2n+1}\right)$，从而

$$S_n = \dfrac{1}{2}\left[\left(1 - \dfrac{1}{3}\right) + \left(\dfrac{1}{3} - \dfrac{1}{5}\right) + \cdots + \left(\dfrac{1}{2n-1} - \dfrac{1}{2n+1}\right)\right] = \dfrac{1}{2}\left(1 - \dfrac{1}{2n+1}\right),$$

且 $\lim\limits_{n \to \infty} S_n = \dfrac{1}{2}$，所以根据定义可知级数收敛，收敛于 $\dfrac{1}{2}$.

例 8.1.3　判断级数 $\sum\limits_{n=1}^{\infty} \left(\dfrac{4^n}{5^n} - \dfrac{1}{3^n}\right)$ 的敛散性，若收敛，求其和.

解　级数 $\sum\limits_{n=1}^{\infty} \dfrac{4^n}{5^n} = \sum\limits_{n=1}^{\infty} \left(\dfrac{4}{5}\right)^n$ 是公比为 $\dfrac{4}{5}$ 的等比数列，收敛于 $\dfrac{\dfrac{4}{5}}{1 - \dfrac{4}{5}} = 4$.

同理,级数 $\sum\limits_{n=1}^{\infty} \dfrac{1}{3^n} = \sum\limits_{n=1}^{\infty} \left(\dfrac{1}{3}\right)^n$ 是公比为 $\dfrac{1}{3}$ 的等比数列,收敛于 $\dfrac{\frac{1}{3}}{1-\frac{1}{3}} = \dfrac{1}{2}$.

由收敛级数的性质可知,级数 $\sum\limits_{n=1}^{\infty} \left(\dfrac{4^n}{5^n} - \dfrac{1}{3^n}\right)$ 收敛,其和为 $S = 4 - \dfrac{1}{2} = \dfrac{7}{2}$.

例 8.1.4 若常数项级数 $\sum\limits_{n=1}^{\infty} a_n$ 收敛,其和为 S,则 $\sum\limits_{n=1}^{\infty} (a_n + a_{n+1} - 2a_{n+2})$ 收敛于( ).

A.$a_1 + a_2$ B.$2a_1 + a_2$ C.$a_1 + 2a_2$ D.$2a_1 + 2a_2$

解 根据收敛级数的性质,有

$$\sum_{n=1}^{\infty} (a_n + a_{n+1} - 2a_{n+2}) = \sum_{n=1}^{\infty} a_n + \sum_{n=1}^{\infty} a_{n+1} - 2\sum_{n=1}^{\infty} a_{n+2}$$
$$= S + (S - a_1) - 2(S - a_1 - a_2)$$
$$= a_1 + 2a_2.$$

故选 C.

例 8.1.5 设级数 $\sum\limits_{n=1}^{\infty} u_n$ 收敛,判断 $\sum\limits_{n=1}^{\infty} u_{n+100}$,$\sum\limits_{n=1}^{\infty} (u_n + 100)$ 是否收敛.

解 级数 $\sum\limits_{n=1}^{\infty} u_{n+100} = u_{101} + u_{102} + \cdots$ 是级数 $\sum\limits_{n=1}^{\infty} u_n = u_1 + u_2 + u_3 + \cdots$ 去掉前 100 项后所得

新级数,根据收敛级数的性质,级数 $\sum\limits_{n=1}^{\infty} u_n$ 收敛,则 $\sum\limits_{n=1}^{\infty} u_{n+100}$ 收敛.

由于级数 $\sum\limits_{n=1}^{\infty} u_n$ 收敛,从而 $\lim\limits_{n\to\infty} u_n = 0$,而 $\lim\limits_{n\to\infty} (u_n + 100) = 100 \neq 0$,故级数 $\sum\limits_{n=1}^{\infty} (u_n + 100)$ 发散.

8.1.3 基础精练

精练 8.1.1 写出下列级数的前五项:

(1) $\sum\limits_{n=1}^{\infty} \dfrac{1+n}{1+n^2}$;

(2) $\sum\limits_{n=1}^{\infty} \dfrac{2 \cdot 5 \cdot \cdots \cdot (3n-1)}{3 \cdot 5 \cdot \cdots \cdot (2n+1)}$.

精练 8.1.2 利用级数收敛与发散的定义判定下列级数的收敛性.

(1) $\sum\limits_{n=1}^{\infty} (\sqrt{n+1} - \sqrt{n})$;

(2) $\sum\limits_{n=1}^{\infty} \dfrac{1}{(n+1)(n+2)}$.

精练 8.1.3　判定下列级数的收敛性.

(1) $\displaystyle\sum_{n=1}^{\infty}(-1)^{n}\frac{8^{n}}{9^{n}}$；　　　　(2) $\displaystyle\sum_{n=1}^{\infty}\frac{1}{\sqrt[n]{3}}$；　　　　(3) $\displaystyle\sum_{n=1}^{\infty}\left(\frac{1}{2^{n}}+\frac{1}{3^{3}}\right)$.

8.1.4　真题演练

演练 8.1.1　如果级数 $\displaystyle\sum_{n=1}^{\infty}u_{n}(u_{n}\neq 0)$ 收敛，则必有(　　).

A. $\displaystyle\sum_{n=1}^{\infty}\frac{1}{u_{n}}$ 发散　　　　　　　　B. $\displaystyle\sum_{n=1}^{\infty}\left(u_{n}+\frac{1}{n}\right)$ 收敛

C. $\displaystyle\sum_{n=1}^{\infty}|u_{n}|$ 收敛　　　　　　　　D. $\displaystyle\sum_{n=1}^{\infty}(-1)^{n}u_{n}$ 收敛

演练 8.1.2　如果级数 $\displaystyle\sum_{n=1}^{\infty}a_{n}$ 收敛，下列结论正确的是(　　).

A. $\displaystyle\sum_{n=1}^{\infty}|a_{n}|$ 收敛　　　　　　　　B. $\displaystyle\sum_{n=1}^{\infty}(-1)^{n}a_{n}$ 收敛

C. $\displaystyle\sum_{n=1}^{\infty}a_{n}a_{n+1}$ 收敛　　　　　　D. $\displaystyle\sum_{n=1}^{\infty}\frac{a_{n}+a_{n+1}}{2}$ 收敛

演练 8.1.3　下列级数中,收敛的是(　　).

A. $\displaystyle\sum_{n=1}^{\infty}\left(\frac{1}{\sqrt[3]{n^{2}}}+1\right)$　　　　　　B. $\displaystyle\sum_{n=1}^{\infty}\left(\frac{1}{n^{3}}+1\right)$

C. $\displaystyle\sum_{n=1}^{\infty}(-1)^{n}\frac{n}{n+4}$　　　　　D. $\displaystyle\sum_{n=1}^{\infty}\left(\frac{1}{\sqrt{n^{3}}}+\frac{1}{3^{n}}\right)$

演练 8.1.4　已知 $u_{1}=\dfrac{\sqrt{2}-1}{\sqrt{2}}$，$u_{2}=\dfrac{\sqrt{3}-\sqrt{2}}{\sqrt{6}}$，$\cdots$，$u_{n}=\dfrac{\sqrt{n+1}-\sqrt{n}}{\sqrt{n(n+1)}}$，$\cdots$，则 $\displaystyle\sum_{n=1}^{\infty}u_{n}=$ _____.

演练 8.1.5　判别下列级数的敛散性,如果收敛,求其和.

(1) $\displaystyle\sum_{n=1}^{\infty}\frac{n^{n+\frac{1}{n}}}{\left(n+\frac{1}{n}\right)^{n}}$；　　　　(2) $\displaystyle\sum_{n=1}^{\infty}\frac{2+(-1)^{n-1}}{3^{n}}$.

§8.2　常数项级数的判别法

8.2.1　重要概念、结论与方法

1) 正项级数的判别法

(1) 正项级数 $\sum\limits_{n=1}^{\infty} u_n$ 收敛的充分必要条件是它的部分和数列 $\{S_n\}$ 有界.

(2) 比较判别法.

① 不等式形式.

设 $\sum\limits_{n=1}^{\infty} a_n$，$\sum\limits_{n=1}^{\infty} b_n$ 均为正项级数，且 $a_n \leq b_n$，则当 $\sum\limits_{n=1}^{\infty} b_n$ 收敛时 $\sum\limits_{n=1}^{\infty} a_n$ 必收敛；当 $\sum\limits_{n=1}^{\infty} a_n$ 发散时 $\sum\limits_{n=1}^{\infty} b_n$ 必发散.

② 极限形式.

设 $\sum\limits_{n=1}^{\infty} a_n$，$\sum\limits_{n=1}^{\infty} b_n$ 均为正项级数，且 $l = \lim\limits_{n\to\infty} \dfrac{a_n}{b_n}$，则当 $0 < l < +\infty$ 时 $\sum\limits_{n=1}^{\infty} a_n$，$\sum\limits_{n=1}^{\infty} b_n$ 同敛散；当 $l = 0$ 时则 $\sum\limits_{n=1}^{\infty} b_n$ 收敛 $\Rightarrow \sum\limits_{n=1}^{\infty} a_n$ 收敛；当 $l = +\infty$ 时则 $\sum\limits_{n=1}^{\infty} b_n$ 发散 $\Rightarrow \sum\limits_{n=1}^{\infty} a_n$ 发散.

(3) 比值判别法(达朗贝尔判别法).

设 $\sum\limits_{n=1}^{\infty} a_n$ 是正项级数，且 $\rho = \lim\limits_{n\to\infty} \dfrac{a_{n+1}}{a_n}$，则当 $0 \leq \rho < 1$ 时，$\sum\limits_{n=1}^{\infty} a_n$ 收敛；当 $1 < \rho \leq +\infty$ 时，$\sum\limits_{n=1}^{\infty} a_n$ 发散；当 $\rho = 1$ 时需另行讨论.

(4) 根值判别法(柯西判别法).

设 $\sum\limits_{n=1}^{\infty} a_n$ 是正项级数，且 $\rho = \lim\limits_{n\to\infty} \sqrt[n]{a_n}$，则当 $0 \leq \rho < 1$ 时，$\sum\limits_{n=1}^{\infty} a_n$ 收敛；当 $1 < \rho \leq +\infty$ 时 $\sum\limits_{n=1}^{\infty} a_n$ 发散；当 $\rho = 1$ 时需另行讨论.

2) 交错级数的判别法(莱布尼茨定理)

如果交错级数 $\sum\limits_{n=1}^{\infty} (-1)^{n-1} u_n$ 满足：

(1) $u_n \geq u_{n+1}(n = 1, 2, \cdots)$；
(2) $\lim\limits_{n\to\infty} u_n = 0$.

则级数 $\sum\limits_{n=1}^{\infty} (-1)^{n-1} u_n$ 收敛，且其和 $s \leq u_1$，其余项 r_n 的绝对值 $|r_n| \leq u_{n+1}$.

3) 绝对收敛与条件收敛

(1) 绝对收敛：如果 $\sum\limits_{n=1}^{\infty} |u_n|$ 收敛，则称 $\sum\limits_{n=1}^{\infty} u_n$ 绝对收敛.

(2) 条件收敛：如果 $\sum\limits_{n=1}^{\infty} |u_n|$ 发散，但 $\sum\limits_{n=1}^{\infty} u_n$ 收敛，则称 $\sum\limits_{n=1}^{\infty} u_n$ 条件收敛.

（3）若 $\displaystyle\sum_{n=1}^{\infty}\left|u_n\right|$ 收敛,则 $\displaystyle\sum_{n=1}^{\infty}u_n$ 收敛.

4）重要结论与方法

（1）p - 级数 $\displaystyle\sum_{n=1}^{\infty}\frac{1}{n^p}\begin{cases}收敛,p>1\\发散,p\leqslant 1\end{cases}$.

（2）判定正项级数 $\displaystyle\sum_{n=1}^{\infty}a_n$ 敛散性的一般步骤:首先研究 a_n 是否趋近于零,若 a_n 不趋近于零,则级数发散;若 $a_n\to 0$,则用比值判别法或根值判别法来判别敛散性,如果仍然无法判定,则用比较判别法或定义求 $\displaystyle\lim_{n\to\infty}s_n$.

（3）若 $\displaystyle\sum_{n=1}^{\infty}u_n$ 和 $\displaystyle\sum_{n=1}^{\infty}v_n$ 均绝对收敛,则 $\displaystyle\sum_{n=1}^{\infty}\left(u_n\pm v_n\right)$ 绝对收敛.

（4）若 $\displaystyle\sum_{n=1}^{\infty}u_n$ 绝对收敛, $\displaystyle\sum_{n=1}^{\infty}v_n$ 条件收敛,则 $\displaystyle\sum_{n=1}^{\infty}\left(u_n\pm v_n\right)$ 条件收敛.

（5）若 $\displaystyle\sum_{n=1}^{\infty}u_n$ 和 $\displaystyle\sum_{n=1}^{\infty}v_n$ 均条件收敛,则 $\displaystyle\sum_{n=1}^{\infty}\left(u_n\pm v_n\right)$ 收敛,但是不能确定绝对收敛还是条件收敛.

8.2.2　典型例题

例 8.2.1　判别级数 $\displaystyle\sum_{n=1}^{\infty}2^n\sin\frac{\pi}{3^n}$ 的敛散性.

解　$u_n=2^n\sin\dfrac{\pi}{3^n}\geqslant 0$,故级数 $\displaystyle\sum_{n=1}^{\infty}2^n\sin\frac{\pi}{3^n}$ 为正项级数,且 $u_n=2^n\sin\dfrac{\pi}{3^n}\leqslant 2^n\dfrac{\pi}{3^n}=\pi\left(\dfrac{2}{3}\right)^n$（$n=1,2,\cdots$）,级数 $\displaystyle\sum_{n=1}^{\infty}\pi\left(\frac{2}{3}\right)^n$ 是收敛的,由比较判别法知级数 $\displaystyle\sum_{n=1}^{\infty}2^n\sin\frac{\pi}{3^n}$ 收敛.

例 8.2.2　判别级数 $\displaystyle\sum_{n=1}^{\infty}\frac{1}{3^n-n}$ 的敛散性.

解　因为 $\displaystyle\lim_{n\to\infty}\frac{\dfrac{1}{3^n-n}}{\dfrac{1}{3^n}}=\lim_{n\to\infty}\frac{3^n}{3^n-n}=\lim_{n\to\infty}\frac{1}{1-\dfrac{n}{3^n}}=1$,且级数 $\displaystyle\sum_{n=1}^{\infty}\frac{1}{3^n}$ 收敛,由比较判别法的极限形式知级数 $\displaystyle\sum_{n=1}^{\infty}\frac{1}{3^n-n}$ 收敛.

例 8.2.3　讨论级数 $\displaystyle\sum_{n=1}^{\infty}\left(\frac{an}{n+1}\right)^n$（$a>0$）的敛散性.

解　因为 $\rho=\displaystyle\lim_{n\to\infty}\sqrt[n]{\left(\frac{an}{n+1}\right)^n}=\lim_{n\to\infty}\frac{an}{n+1}=a$,所以当 $a<1$ 时,级数 $\displaystyle\sum_{n=1}^{\infty}\left(\frac{an}{n+1}\right)^n$ 收敛;当 $a>1$ 时,级数 $\displaystyle\sum_{n=1}^{\infty}\left(\frac{an}{n+1}\right)^n$ 发散;当 $a=1$ 时,级数为 $\displaystyle\sum_{n=1}^{\infty}\left(\frac{n}{n+1}\right)^n$,此时 $\displaystyle\lim_{n\to\infty}\left(\frac{n}{n+1}\right)^n=\lim_{n\to\infty}\frac{1}{\left(1+\dfrac{1}{n}\right)^n}=$

$\dfrac{1}{e} \neq 0$,不满足级数收敛的必要条件,故级数 $\displaystyle\sum_{n=1}^{\infty} \left(\dfrac{an}{n+1} \right)^n$ 发散.

例 8.2.4 若正项级数 $\displaystyle\sum_{n=1}^{\infty} 10u_n$ 收敛,则必有(　　　).

A. $\displaystyle\lim_{n \to \infty} \dfrac{u_{n+1}}{u_n} = \rho < 1$　　　　　　　　B. $\displaystyle\lim_{n \to \infty} u_n = 0$

C. $\displaystyle\lim_{n \to \infty} \sqrt[n]{10u_n} = \rho < 1$　　　　　　　　D. $u_{n+1} \leqslant u_n (n = 1, 2, \cdots)$

解 由于比值判别法和根值判别法均为正项级数收敛的充分条件,故排除 A 和 C;由于级数一般项单调减既不是正项级数收敛的充分条件,也不是必要条件,所以排除 D;而 $\displaystyle\lim_{n \to \infty} u_n = 0$ 是级数收敛的必要条件,故选 B.

例 8.2.5 判别级数 $\displaystyle\sum_{n=1}^{\infty} (-1)^{n-1} \dfrac{n^3}{3^n}$ 是否收敛.若收敛,是绝对收敛还是条件收敛?

解 考察级数 $\displaystyle\sum_{n=1}^{\infty} \left| (-1)^{n-1} \dfrac{n^3}{3^n} \right| = \sum_{n=1}^{\infty} \dfrac{n^3}{3^n}$.因为

$$\lim_{n \to \infty} \dfrac{u_{n+1}}{u_n} = \lim_{n \to \infty} \dfrac{\dfrac{(n+1)^3}{3^{n+1}}}{\dfrac{n^3}{3^n}} = \dfrac{1}{3} \lim_{n \to \infty} \left(1 + \dfrac{1}{n} \right)^3 = \dfrac{1}{3} < 1,$$

根据比值判别法的极限形式可知级数 $\displaystyle\sum_{n=1}^{\infty} \left| (-1)^{n-1} \dfrac{n^3}{3^n} \right|$ 收敛,从而级数 $\displaystyle\sum_{n=1}^{\infty} (-1)^{n-1} \dfrac{n^3}{3^n}$ 收敛,且是绝对收敛.

例 8.2.6 设级数 $\displaystyle\sum_{n=1}^{\infty} (-1)^n u_n$ 是条件收敛的,则(　　　).

A. $\displaystyle\sum_{n=1}^{\infty} (u_n^2 - u_{n+1}^2)$ 收敛　　　　　　B. $\displaystyle\sum_{n=1}^{\infty} u_n$ 收敛

C. $\displaystyle\sum_{n=1}^{\infty} u_n^2$ 收敛　　　　　　D. $\displaystyle\sum_{n=1}^{\infty} u_{2n-1}$ 收敛

解 $S_n = (u_1^2 - u_2^2) + (u_2^2 - u_3^2) + \cdots + (u_n^2 - u_{n+1}^2) = u_1^2 - u_{n+1}^2$,由于级数 $\displaystyle\sum_{n=1}^{\infty} (-1)^n u_n$ 条件收敛,所以 $\displaystyle\lim_{n \to \infty} u_n = 0$,故 $\displaystyle\lim_{n \to \infty} u_{n+1}^2 = 0$,有 $\displaystyle\lim_{n \to \infty} S_n = u_1^2$,故选 A.

后面 3 个结论均不正确.事实上,级数 $\displaystyle\sum_{n=1}^{\infty} (-1)^n \dfrac{1}{\sqrt{n}}$ 是条件收敛的,而级数 $\displaystyle\sum_{n=1}^{\infty} \dfrac{1}{\sqrt{n}}$、$\displaystyle\sum_{n=1}^{\infty} \dfrac{1}{n}$ 和 $\displaystyle\sum_{n=1}^{\infty} \dfrac{1}{\sqrt{2n-1}}$ 均是发散的.

8.2.3 基础精练

精练 8.2.1 下列级数中,为正项级数的是(　　　).

A. $\displaystyle\sum_{n=1}^{\infty} (-1)^{n-1} \dfrac{1}{\sqrt{n}}$　　　　　　　　B. $\displaystyle\sum_{n=1}^{\infty} \dfrac{\sin n}{n}$

C. $\displaystyle\sum_{n=1}^{\infty} \left[1 + (-1)^n\right] \dfrac{\sin \dfrac{1}{n}}{n}$ 　　　　D. $\displaystyle\sum_{n=1}^{\infty} \dfrac{a^n}{n^p}(p > 0, a \neq 0)$

精练 8.2.2　判别下列级数的收敛性.

(1) $\displaystyle\sum_{n=1}^{\infty} \dfrac{1}{2n-1}$;　　　　(2) $\displaystyle\sum_{n=1}^{\infty} \dfrac{1+n}{1+n^2}$;

(3) $\displaystyle\sum_{n=1}^{\infty} \dfrac{n^2}{3^n}$;　　　　(4) $\displaystyle\sum_{n=1}^{\infty} \left(\dfrac{n}{2n+1}\right)^n$;

(5) $\displaystyle\sum_{n=1}^{\infty} \dfrac{n^4}{n!}$;　　　　(6) $\displaystyle\sum_{n=1}^{\infty} \dfrac{1}{na+b}(a > 0, b > 0)$.

精练 8.2.3　判别下列级数是否收敛.如果是收敛的,是绝对收敛还是条件收敛?

(1) $\displaystyle\sum_{n=1}^{\infty} (-1)^{n-1} \dfrac{n}{3^{n-1}}$;　　　　(2) $\displaystyle\sum_{n=1}^{\infty} (-1)^{n-1} \dfrac{1}{\ln(n+1)}$.

8.2.4　真题演练

演练 8.2.1　判别级数的收敛性,级数 $\displaystyle\sum_{n=1}^{\infty} \left(1 - \cos\dfrac{\pi}{n}\right)$ 是_____(填"收敛"或"发散").

演练 8.2.2　判别下列级数的敛散性.

（1）$\displaystyle\sum_{n=1}^{\infty} \frac{n^{n+\frac{1}{n}}}{\left(n+\frac{1}{n}\right)^n}$；

（2）$\displaystyle\sum_{n=1}^{\infty} \frac{\left[\sqrt{3}+(-1)^n\right]^n}{8^n}$；

（3）$\displaystyle\sum_{n=1}^{\infty} \frac{n}{|\sin n|+2^n}$；

（4）$\displaystyle\sum_{n=1}^{\infty} (n+1)^2 \tan \frac{\pi}{3^n}$；

（5）$\displaystyle\sum_{n=1}^{\infty} \frac{1}{[\ln(n+1)]^n}$；

（6）$\displaystyle\sum_{n=1}^{\infty} \frac{1}{4^n}\left(1+\frac{1}{n}\right)^{n^2}$.

精练 8.2.3　判别下列级数是否收敛.如果是收敛的,是绝对收敛还是条件收敛?

（1）$\displaystyle\sum_{n=1}^{\infty} (-1)^{n-1} n\ln\left(1+\frac{1}{3^n}\right)$；

（2）$\displaystyle\sum_{n=1}^{\infty} (-1)^{n-1} \frac{2n+1}{n(n+1)}$.

演练 8.2.4　下列结论正确的是（　　　）.

A.若级数 $\displaystyle\sum_{n=1}^{\infty} a_n^2$、$\displaystyle\sum_{n=1}^{\infty} b_n^2$ 均收敛,则级数 $\displaystyle\sum_{n=1}^{\infty} (a_n+b_n)^2$ 收敛

B.若级数 $\displaystyle\sum_{n=1}^{\infty} |a_n b_n|$ 均收敛,则级数 $\displaystyle\sum_{n=1}^{\infty} a_n^2$、$\displaystyle\sum_{n=1}^{\infty} b_n^2$ 均收敛

C.若级数 $\displaystyle\sum_{n=1}^{\infty} a_n$ 发散,则 $a_n \geqslant \dfrac{1}{n}$

D.若级数 $\displaystyle\sum_{n=1}^{\infty} a_n$ 收敛,$a_n \geqslant b_n$,则级数 $\displaystyle\sum_{n=1}^{\infty} b_n$ 收敛

演练 8.2.5　下列级数中,为条件收敛的级数是（　　　）.

A. $\displaystyle\sum_{n=1}^{\infty} (-1)^n \frac{n}{n+1}$

B. $\displaystyle\sum_{n=1}^{\infty} (-1)^n \sqrt{n}$

C. $\displaystyle\sum_{n=1}^{\infty}(-1)^{n}\frac{1}{n^{2}}$ 　　　　　　　　　　D. $\displaystyle\sum_{n=1}^{\infty}(-1)^{n}\frac{1}{\sqrt{n}}$

§8.3　幂　级　数

8.3.1　重要概念、结论与方法

1) 函数项级数的一般概念

(1) 如果给定一个定义在区间 I 上的函数列 $u_{1}(x),u_{2}(x),u_{3}(x),\cdots,u_{n}(x),\cdots$，则由这个函数列构成的表达式 $u_{1}(x)+u_{2}(x)+u_{3}(x)+\cdots+u_{n}(x)+\cdots$ 称为定义在区间 I 上的函数项无穷级数,简称函数项级数.

(2) 对于每一个确定的值 $x_{0}\in I$，函数项级数成为常数项级数 $u_{1}(x_{0})+u_{2}(x_{0})+u_{3}(x_{0})+\cdots+u_{n}(x_{0})+\cdots$. 这个级数可能收敛也可能发散. 如果常数项级数收敛,就称点 x_{0} 是函数项级数的收敛点;如果常数项级数发散,就称点 x_{0} 是函数项级数的发散点. 函数项级数收敛点的全体称为它的收敛域,发散点的全体称为它的发散域.

(3) 对应于收敛域内的任意一个数 x，函数项级数成为一收敛的常数项级数,因而有一确定的和 s. 这样,在收敛域上,函数项级数的和是 x 的函数 $s(x)$，通常称 $s(x)$ 为函数项级数的和函数. 此函数的定义域就是函数项级数的收敛域,并写成 $s(x)=u_{1}(x)+u_{2}(x)+u_{3}(x)+\cdots+u_{n}(x)+\cdots$.

2) 幂级数及其收敛半径、收敛区间和收敛域

(1) 函数项级数中,简单而常见的一类级数就是各项都是幂函数的函数项级数,即幂级数,其标准形式是 $\displaystyle\sum_{n=0}^{\infty}a_{n}x^{n}=a_{0}+a_{1}x+a_{2}x^{2}+\cdots+a_{n}x^{n}+\cdots$，其中常数 $a_{0},a_{1},a_{2},\cdots,a_{n},\cdots$ 称为幂级数的系数.

(2) 阿贝尔定理:如果级数 $\displaystyle\sum_{n=0}^{\infty}a_{n}x^{n}$ 当 $x=x_{0}(x_{0}\neq0)$ 时收敛,则适合不等式 $|x|<|x_{0}|$ 的一切 x 使该幂级数绝对收敛;反之,如果级数 $\displaystyle\sum_{n=0}^{\infty}a_{n}x^{n}$ 当 $x=x_{0}$ 时发散,则适合不等式 $|x|>|x_{0}|$ 的一切 x 使该幂级数发散.

(3) 由阿贝尔定理可知,幂级数 $\displaystyle\sum_{n=0}^{\infty}a_{n}x^{n}$ 的敛散性必为下列 3 种情形之一:

①仅在 $x=0$ 处收敛;

②在 $(-\infty,+\infty)$ 内收敛;

③存在正数 R，使得当 $|x|<R$ 时,$\displaystyle\sum_{n=0}^{\infty}a_{n}x^{n}$ 绝对收敛;当 $|x|>R$ 时,$\displaystyle\sum_{n=0}^{\infty}a_{n}x^{n}$ 发散;当 $x=\pm R$ 时,$\displaystyle\sum_{n=0}^{\infty}a_{n}x^{n}$ 可能收敛,也可能发散. 且只有当 $x=\pm R$ 时,$\displaystyle\sum_{n=0}^{\infty}a_{n}x^{n}$ 可能条件收敛.

情形③中的正数 R 为幂级数 $\displaystyle\sum_{n=0}^{\infty}a_{n}x^{n}$ 的收敛半径,开区间 $(-R,R)$ 称为幂级数的收敛区

间.收敛域为下列 4 种情形之一:$(-R,R),[-R,R),(-R,R],[-R,R]$.

(4)求收敛半径的方法:

对于(3)中①情形 $R=0$,对于②情形 $R=+\infty$.对于③情形,如果 $\lim\limits_{n\to\infty}\left|\dfrac{a_n}{a_{n+1}}\right|$ 或者 $\lim\limits_{n\to\infty}\dfrac{1}{\sqrt[n]{|a_n|}}$ 存

在(或 $+\infty$),则幂级数 $\sum\limits_{n=0}^{\infty}a_nx^n$ 的收敛半径为 $R=\lim\limits_{n\to\infty}\left|\dfrac{a_n}{a_{n+1}}\right|$,或者 $\lim\limits_{n\to\infty}\dfrac{1}{\sqrt[n]{|a_n|}}$.

3)幂级数和函数的性质

(1)连续性:幂级数 $\sum\limits_{n=0}^{\infty}a_nx^n$ 的和函数 $s(x)$ 在其收敛域 I 上连续.

(2)可导性:幂级数 $\sum\limits_{n=0}^{\infty}a_nx^n$ 的和函数 $s(x)$ 在其收敛区间 $(-R,R)$ 内可导,且有逐项求导公式

$$s'(x)=\left(\sum_{n=0}^{\infty}a_nx^n\right)'=\sum_{n=0}^{\infty}(a_nx^n)'=\sum_{n=1}^{\infty}na_nx^{n-1}\ (|x|<R).$$

(3)可积性:幂级数 $\sum\limits_{n=0}^{\infty}a_nx^n$ 的和函数 $s(x)$ 在其收敛域 I 上可积,并有逐项积分公式

$$\int_0^x s(t)\mathrm{d}t=\int_0^x\left[\sum_{n=0}^{\infty}a_nt^n\right]\mathrm{d}t=\sum_{n=0}^{\infty}\int_0^x a_nt^n\mathrm{d}t=\sum_{n=0}^{\infty}\frac{a_n}{n+1}x^{n+1}\ (x\in I).$$

逐项求导和逐项积分后所得到的幂级数与原幂级数有相同的收敛半径及相同的收敛区间,但收敛域可能会发生改变.

4)函数展开成幂级数及其应用

(1)两种幂级数:

① $\sum\limits_{n=0}^{\infty}\dfrac{1}{n!}f^{(n)}(x_0)(x-x_0)^n=f(x_0)+f'(x_0)(x-x_0)+\cdots+\dfrac{1}{n!}f^{(n)}(x_0)(x-x_0)^n+\cdots$,

称其为函数 $f(x)$ 在点 x_0 处的泰勒级数(或泰勒展开式).

②当 $x_0=0$,则 $\sum\limits_{n=0}^{\infty}\dfrac{1}{n!}f^{(n)}(0)x^n=f(0)+f'(0)x+\cdots+\dfrac{1}{n!}f^{(n)}(0)x^n+\cdots$,称为函数 $f(x)$ 的麦克劳林级数(或麦克劳林展开式).

(2)函数能展开成幂级数的条件:

设函数 $f(x)$ 在点 x_0 的某一邻域 $U(x_0)$ 内具有各阶导数,则 $f(x)$ 在该邻域内能展开成泰勒级数的充分必要条件是在该邻域内 $f(x)$ 的泰勒公式中的余项 $R_n(x)$ 当 $n\to\infty$ 时的极限为零,即 $\lim\limits_{n\to\infty}R_n(x)=0,x\in U(x_0)$.

(3)常用的幂级数展开式:

① $\mathrm{e}^x=\sum\limits_{n=0}^{\infty}\dfrac{1}{n!}x^n\ (-\infty<x<+\infty)$;

② $\sin x=\sum\limits_{n=0}^{\infty}\dfrac{(-1)^n}{(2n+1)!}x^{2n+1}\ (-\infty<x<+\infty)$;

③ $\cos x=\sum\limits_{n=0}^{\infty}\dfrac{(-1)^n}{(2n)!}x^{2n}\ (-\infty<x<+\infty)$;

④ $\dfrac{1}{1-x} = \displaystyle\sum_{n=0}^{\infty} x^n\,(-1 < x < 1)$；

⑤ $\dfrac{1}{1+x} = \displaystyle\sum_{n=0}^{\infty} (-1)^n x^n\,(-1 < x < 1)$；

⑥ $\ln(1+x) = \displaystyle\sum_{n=0}^{\infty} \dfrac{(-1)^n}{n+1} x^{n+1} = \displaystyle\sum_{n=1}^{\infty} \dfrac{(-1)^{n-1}}{n} x^n\,(-1 < x \leqslant 1)$.

8.3.2　典型例题

例 8.3.1　求幂级数 $\displaystyle\sum_{n=1}^{\infty} (-1)^n \dfrac{x^n}{\sqrt{n}}$ 的收敛域.

解　因为 $\rho = \lim\limits_{n\to\infty} \left| \dfrac{a_{n+1}}{a_n} \right| = \lim\limits_{n\to\infty} \left| \dfrac{(-1)^{n+1}}{\sqrt{n+1}} \dfrac{\sqrt{n}}{(-1)^n} \right| = \lim\limits_{n\to\infty} \dfrac{\sqrt{n}}{\sqrt{n+1}} = 1$，所以幂级数 $\displaystyle\sum_{n=1}^{\infty} (-1)^n \dfrac{x^n}{\sqrt{n}}$ 的收敛半径为 $R = \dfrac{1}{\rho} = 1$，收敛区间为 $(-1,1)$.

当 $x = -1$ 时，幂级数 $\displaystyle\sum_{n=1}^{\infty} (-1)^n \dfrac{x^n}{\sqrt{n}} = \displaystyle\sum_{n=1}^{\infty} \dfrac{1}{\sqrt{n}}$，为 $p = \dfrac{1}{2}$ 的 p 级数，故发散；

当 $x = 1$ 时，幂级数 $\displaystyle\sum_{n=1}^{\infty} (-1)^n \dfrac{x^n}{\sqrt{n}} = \displaystyle\sum_{n=1}^{\infty} (-1)^n \dfrac{1}{\sqrt{n}}$，为满足莱布尼茨定理的交错级数，故收敛.

综上所述，幂级数 $\displaystyle\sum_{n=1}^{\infty} (-1)^n \dfrac{x^n}{\sqrt{n}}$ 的收敛域为 $(-1,1]$.

例 8.3.2　求幂级数 $\displaystyle\sum_{n=1}^{\infty} \dfrac{(2x+1)^n}{n}$ 的收敛半径、收敛区间和收敛域.

解　由于 $\displaystyle\sum_{n=1}^{\infty} \dfrac{(2x+1)^n}{n} = \displaystyle\sum_{n=1}^{\infty} \dfrac{2^n \left(x+\dfrac{1}{2}\right)^n}{n}$，令 $t = x + \dfrac{1}{2}$，则原幂级数可表示为 $\displaystyle\sum_{n=1}^{\infty} \dfrac{2^n t^n}{n}$，记 $a_n = \dfrac{2^n}{n}$，由于 $\rho = \lim\limits_{n\to\infty} \left| \dfrac{a_{n+1}}{a_n} \right| = \lim\limits_{n\to\infty} \dfrac{\dfrac{2^{n+1}}{n+1}}{\dfrac{2^n}{n}} = \lim\limits_{n\to\infty} \dfrac{2n}{n+1} = 2$，所以收敛半径 $R = \dfrac{1}{\rho} = \dfrac{1}{2}$. 故收敛区间为 $-\dfrac{1}{2} < x + \dfrac{1}{2} < \dfrac{1}{2}$，即 $-1 < x < 0$.

又当 $x = -1$ 时，$\displaystyle\sum_{n=1}^{\infty} \dfrac{(-2+1)^n}{n} = \displaystyle\sum_{n=1}^{\infty} \dfrac{(-1)^n}{n}$ 收敛，当 $x = 0$ 时，$\displaystyle\sum_{n=1}^{\infty} \dfrac{1}{n}$ 发散，所以收敛域为 $[-1,0)$.

例 8.3.3　求幂级数 $\dfrac{x}{1\cdot 2} + \dfrac{x^3}{2\cdot 2^2} + \dfrac{x^5}{3\cdot 2^3} + \cdots + \dfrac{x^{2n-1}}{n\cdot 2^n} + \cdots$ 的收敛半径、收敛区间和收敛域.

解　由于级数缺少偶次幂的项，故直接用比值判别法. 记 $u_n(x) = \dfrac{x^{2n-1}}{n\cdot 2^n}$，则

$$\lim_{n \to \infty} \frac{|u_{n+1}(x)|}{|u_n(x)|} = \lim_{n \to \infty} \left| \frac{x^{2(n+1)-1}}{(n+1)2^{n+1}} \frac{n \cdot 2^n}{x^{2n-1}} \right| = \frac{x^2}{2}.$$

所以当 $\dfrac{x^2}{2} < 1$，即 $|x| < \sqrt{2}$ 时，幂级数 $\displaystyle\sum_{n=1}^{\infty} \frac{x^{2n-1}}{n \cdot 2^n}$ 绝对收敛；当 $|x| > \sqrt{2}$ 时，幂级数发散，于是收敛半径 $R = \sqrt{2}$，收敛区间为 $(-\sqrt{2}, \sqrt{2})$。

又当 $x = \sqrt{2}$ 时，原幂级数为 $\dfrac{1}{\sqrt{2}} \displaystyle\sum_{n=1}^{\infty} \frac{1}{n}$，级数发散；当 $x = -\sqrt{2}$ 时，原幂级数为 $-\dfrac{1}{\sqrt{2}} \displaystyle\sum_{n=1}^{\infty} \frac{1}{n}$，级数发散，所以收敛域为 $(-\sqrt{2}, \sqrt{2})$。

例 8.3.4 若幂级数 $\displaystyle\sum_{n=0}^{\infty} a_n(x-2)^n$ 在 $x = -1$ 处收敛，则 $\displaystyle\sum_{n=0}^{\infty} a_n(x-2)^n$ 在 $x = 3$ 处（　　　）.

A.绝对收敛　　　　　　B.条件收敛　　　　　　C.发散　　　　　　D.不能确定敛散性

解 由于幂级数 $\displaystyle\sum_{n=0}^{\infty} a_n(x-2)^n$ 在 $x = -1$ 处收敛，则 $\displaystyle\sum_{n=0}^{\infty} a_n u^n$ 在 $u = x - 2 = -1 - 2 = -3$ 收敛，所以对任意的 $u \in (-3, 3)$，幂级数 $\displaystyle\sum_{n=0}^{\infty} a_n u^n$ 均绝对收敛. 当 $x = 3$ 时，有 $u = 3 - 2 = 1$，故幂级数 $\displaystyle\sum_{n=0}^{\infty} a_n(x-2)^n$ 在 $x = 3$ 处绝对收敛.

例 8.3.5 求下列幂级数的和函数.

(1) $\displaystyle\sum_{n=1}^{\infty} \frac{x^{4n+1}}{4n+1}$；　　　　　　　　　　　(2) $\displaystyle\sum_{n=1}^{\infty} n(x-3)^{n-1}$.

解 (1) 令 $u_n(x) = \dfrac{x^{4n+1}}{4n+1}$，则 $\displaystyle\lim_{n \to \infty} \frac{|u_{n+1}(x)|}{|u_n(x)|} = \lim_{n \to \infty} \left| \frac{x^{4(n+1)+1}(4n+1)}{x^{4n+1}[4(n+1)+1]} \right| = x^2 < 1$，解得 $-1 < x < 1$，即收敛半径 $R = 1$，收敛区间为 $(-1, 1)$.

当 $x = -1$ 时，原幂级数化为 $\displaystyle\sum_{n=1}^{\infty} \frac{-1}{4n+1}$，级数发散；当 $x = 1$ 时，原幂级数化为 $\displaystyle\sum_{n=1}^{\infty} \frac{1}{4n+1}$，级数发散，所以收敛域为 $(-1, 1)$.

令 $S(x) = \displaystyle\sum_{n=1}^{\infty} \frac{x^{4n+1}}{4n+1}$，则

$$S'(x) = \left(\sum_{n=1}^{\infty} \frac{x^{4n+1}}{4n+1} \right)' = \sum_{n=1}^{\infty} \left(\frac{x^{4n+1}}{4n+1} \right)' = \sum_{n=1}^{\infty} x^{4n} = \frac{x^4}{1-x^4},$$

上式两端积分，得

$$\int_0^x S'(t)\,dt = \int_0^x \frac{t^4}{1-t^4}\,dt, \quad 即 \quad S(x) - S(0) = \int_0^x \left(-1 + \frac{1}{2} \frac{1}{1+t^2} + \frac{1}{2} \frac{1}{1-t^2} \right) dt$$

从而

$$S(x) = \frac{1}{4} \ln \frac{1+x}{1-x} - x + \frac{1}{2} \arctan x, \quad x \in (-1, 1).$$

(2) 因为 $\rho = \displaystyle\lim_{n \to \infty} \left| \frac{n+1}{n} \right| = 1$，所以幂级数收敛半径为 $R = 1$，则 $-1 < x - 3 < 1$，即 $2 < x < 4$. 当 $x = 2$

时,原幂级数化为 $\sum\limits_{n=1}^{\infty}(-1)^{n-1}n$,级数发散;当 $x=4$ 时,原幂级数化为 $\sum\limits_{n=1}^{\infty}n$,级数发散,所以收敛域为 $(2,4)$.

令 $S(x)=\sum\limits_{n=1}^{\infty}n(x-3)^{n-1}$,则

$$S(x)=\sum_{n=1}^{\infty}\left[(x-3)^{n}\right]'=\left[\sum_{n=1}^{\infty}(x-3)^{n}\right]'=\left[\frac{x-3}{1-(x-3)}\right]'=\frac{1}{(4-x)^{2}},2<x<4.$$

例 8.3.6　将 $f(x)=\dfrac{1}{x^{2}-2x-3}$ 展开成麦克劳林级数.

解　$f(x)=\dfrac{1}{x^{2}-2x-3}=\dfrac{1}{(x-3)(x+1)}=\dfrac{1}{4}\left(\dfrac{1}{x-3}-\dfrac{1}{x+1}\right)$

$$=-\frac{1}{4}\left(\frac{1}{1+x}+\frac{1}{3}\frac{1}{1-\dfrac{x}{3}}\right).$$

当 $-1<x<1$ 时,因为 $\dfrac{1}{1+x}=\sum\limits_{n=0}^{\infty}(-1)^{n}x^{n}$,$\dfrac{1}{1-x}=\sum\limits_{n=0}^{\infty}x^{n}$,则

$$f(x)=-\frac{1}{4}\left[\sum_{n=0}^{\infty}(-1)^{n}x^{n}+\frac{1}{3}\sum_{n=0}^{\infty}\left(\frac{x}{3}\right)^{n}\right]=-\frac{1}{4}\sum_{n=0}^{\infty}\left[(-1)^{n}+\frac{1}{3^{n+1}}\right]x^{n}.$$

其中收敛区间为 $-1<x<1$ 和 $-1<\dfrac{x}{3}<1$ 的交集,即 $-1<x<1$.

8.3.3　基础精练

精练 8.3.1　幂级数 $\sum\limits_{n=1}^{\infty}(-1)^{n-1}\dfrac{x^{n}}{\sqrt{n!}}$ 的收敛半径是(　　).

A.1　　　　　　　　B.0　　　　　　　　C.2　　　　　　　　D.$+\infty$

精练 8.3.2　幂级数 $\sum\limits_{n=1}^{\infty}(-1)^{n-1}\dfrac{x^{n}}{2n}$ 的收敛域是(　　).

A.$(-1,1)$　　　　　B.$(-1,1]$　　　　　C.$[-1,1)$　　　　　D.$[-1,1]$

精练 8.3.3　设幂级数 $\sum\limits_{n=0}^{\infty}a_{n}(x+2)^{n}$ 的收敛半径是 2,则级数在点 $x=1$ 处(　　).

A.发散　　　　　　　B.条件收敛　　　　　C.绝对收敛　　　　D.不能确定敛散性

精练 8.3.4　求下列幂级数的收敛区间.

(1) $\sum\limits_{n=1}^{\infty}(-1)^{n}\dfrac{x^{n}}{n^{2}}$;　　　　　(2) $\sum\limits_{n=1}^{\infty}\dfrac{3n-1}{7^{n}}x^{2n-2}$;　　　　　(3) $\sum\limits_{n=1}^{\infty}\dfrac{(x-5)^{n}}{\sqrt{n}}$.

精练 8.3.5 求幂级数 $\sum\limits_{n=1}^{\infty} n x^{n-1}$ 的和函数.

精练 8.3.6 将 $f(x) = e^{-x^2}$ 展开成 x 的幂级数.

精练 8.3.7 将 $f(x) = \dfrac{1}{x^2 + 3x + 2}$ 展开成 $x+4$ 的幂级数.

8.3.4 真题演练

演练 8.3.1 幂级数 $\sum\limits_{n=1}^{\infty} \dfrac{x^n}{n^2 + 2n}$ 的收敛半径 $R = $ _____.

演练 8.3.2 幂级数 $\sum\limits_{n=1}^{\infty} \dfrac{3 + (-1)^n}{3^n} x^n$ 的收敛半径 $R = $ _____.

演练 8.3.3 如果幂级数 $\sum\limits_{n=0}^{\infty} a_n x^n$ 的收敛半径为 2,则幂级数 $\sum\limits_{n=0}^{\infty} n a_n (x - 1)^{n-1}$ 的收敛区间为_____.

演练 8.3.4 求下列幂级数的收敛域.

(1) $\sum\limits_{n=1}^{\infty} \dfrac{3^n + 4^n}{n} x^n$;

(2) $\sum\limits_{n=1}^{\infty} \dfrac{x^{n-1}}{3^{n-1} \cdot n}$.

演练 8.3.5 求幂级数 $\sum\limits_{n=1}^{\infty} n (x - 1)^n$ 的收敛区间与和函数.

演练 8.3.6 求幂级数 $\sum\limits_{n=1}^{\infty}(-1)^{n-1}\dfrac{x^{2n-1}}{2n-1}$ 的和函数,并求 $\sum\limits_{n=1}^{\infty}\dfrac{(-1)^{n-1}}{2n-1}\left(\dfrac{3}{4}\right)^{n}$.

演练 8.3.7 把 $f(x)=\dfrac{1}{2-x}$ 展开成 x 的幂级数.

演练 8.3.8 把 $f(x)=\dfrac{1}{x(x-1)}$ 展开成 $x-2$ 的幂级数.